AF508887

CHOISEUL ET VOLTAIRE

Ce volume a été déposé au ministère de l'intérieur (section de la librairie) en décembre 1901.

PARIS. TYP. PLON-NOURRIT ET Cⁱᵉ, 8, RUE GARANCIÈRE — 3021.

CHOISEUL

ET

VOLTAIRE

D'APRÈS

LES LETTRES INÉDITES DU DUC DE CHOISEUL A VOLTAIRE

PAR

PIERRE CALMETTES

PARIS

LIBRAIRIE PLON

PLON-NOURRIT ET Cⁱᵉ, IMPRIMEURS-ÉDITEURS

RUE GARANCIÈRE, 8

1902

Tous droits réservés

EN

TÉMOIGNAGE DE PROFONDE AFFECTION

Je dédie mon premier livre

A MES PARENTS

CHOISEUL ET VOLTAIRE

On savait, par les *Mémoires* posthumes de Voltaire et par quelques passages de sa correspondance, qu'il avait existé entre lui et le duc de Choiseul un commerce épistolaire, qu'une circonstance fortuite de leur vie l'avait fait naître, et que leur souci de réclame et leurs ambitions simultanées les avaient entraînés à le continuer. De cette correspondance, qui dura douze ans avec une certaine régularité de part et d'autre, il ne nous était parvenu jusqu'ici qu'un très petit nombre de lettres ; nous n'en trouvons, dans la dernière édition de la *Correspondance complète* de Voltaire, celle de Louis Moland, datée de 1880, que dix-sept adressées par Voltaire au duc de Choiseul et pas une de celui-ci à Voltaire. Ces quelques restes épars et sans suite ne pouvaient nous édifier sur l'importance des relations établies entre le Philosophe et le Ministre et, devant l'absence de témoignages suffisants, on pouvait admettre la possibilité d'un doute relativement à la véracité du philosophe de Ferney qui, dans les lettres qu'il adressait soit à d'Argental, soit à d'autres correspondants, parlait pompeusement de ces relations.

C'est ainsi que dans un très intéressant ouvrage récemment publié : *Voltaire pendant la guerre de Sept ans* (1), le duc de Broglie a pu dire parlant de Voltaire : « ... des lettres ostensibles à lui adressées par Choiseul pour être communiquées à Frédéric II, aucune ne nous est parvenue, et si elles avaient eu le caractère vraiment diplomatique qu'il crut y reconnaître, il serait singulier qu'il les ait laissé disparaître. »

Pourtant Voltaire ne s'était pas vanté. Nous avons la bonne fortune de pouvoir lui rendre cette justice, car ses dires se trouvent confirmés par plus de quarante des lettres que lui écrivit le

(1) Paris, 1898, in-18.

duc de Choiseul et qui nous sont heureusement
parvenues. Elles établissent le rôle à la fois ami-
cal et confidentiel joué par Voltaire, devenu
diplomate et missionnaire de paix entre la
France et la Prusse ; elles nous fournissent encore,
sur les événements politiques et littéraires de
cette époque et sur le caractère de Choiseul des
renseignements d'autant plus précieux qu'on ne
connaissait guère la pensée intime de ce Ministre
que par ses *Mémoires de Chanteloup*, publication
posthume attribuée à l'infidélité d'un ancien
secrétaire.

Les dessous de la diplomatie qui mit en mouvement l'Angleterre, la Prusse, l'Autriche, la Russie et l'Espagne, y sont dévoilés dans ce style de
franchise un peu cynique particulier au duc Ministre ; elles révèlent les sentiments de la France
à l'égard des Cabinets européens, amis ou ennemis, et forment un véritable chapitre d'histoire.

Copiées en un recueil dont la reliure ancienne
atteste la bonne origine (1), ces lettres n'étaient

____

(1) On en trouvera l'état descriptif aux pièces justificatives.

pas classées ; on ne saurait s'en étonner d'après ce que l'on connaît de l'esprit entreprenant et brouillon de Choiseul. En ce pêle-mêle et presque toutes dépourvues de dates, elles n'auraient pas été faciles à mettre en ordre si Voltaire, écrivant vingt lettres par jour et ne craignant pas de se servir pour sa correspondance avec les uns des phrases toutes faites trouvées dans les lettres des autres, ne nous fournissait des éléments de rapprochement suffisants pour fixer avec certitude notre classement. Souvent aussi, certains passages des lettres de Voltaire forment pour les nôtres une sorte de commentaire explicatif ; il nous a semblé utile de les y joindre.

Ainsi complétées, les lettres écrites par Choiseul nous permettent de surprendre le jeu des intérêts qui se débattirent entre lui, Voltaire et Frédéric II, et ce n'est pas une des moindres valeurs de cette correspondance que de mettre en présence trois des plus grandes figures du dix-huitième siècle.

PREMIÈRE PARTIE

Le 12 décembre 1754, Voltaire arrivait à Genève, accompagné de sa nièce et de son secrétaire. Installé provisoirement au château de Prangins et voyant ses tentatives de rappel à Paris accueillies par les signes d'une disgrâce complète, il dut songer à se créer une installation définitive. Avec l'appui du conseiller François Tronchin, il obtint l'autorisation de séjour sur le territoire de la République de Genève et fit, en février 1755, l'acquisition d'une maison située près de Genève et qu'il appela *les Délices*.

Mais, en 1759, gêné pour ses représentations théâtrales par les rigueurs du Conseil génevois, dans la dépendance duquel il ne trouvait plus une liberté de croyances suffisamment tolérante, il acheta à M. de Budé de Boisi le domaine de Ferney dont il prit possession en février. Il y fit d'abord construire un château, puis il en agrandit le territoire, en y joignant bientôt le comté de Tournay que lui céda le président de Brosses et qui comportait le droit de haute et basse justice.

Ferney était une seigneurie absolument franche et libre de tous droits envers le Roi et de tous impôts depuis Henri IV. Cette franchise constituait un précieux privilège et, pour la conserver, Voltaire se fit recommander par d'Argental au duc de Choiseul, alors dispensateur des titres et brevets dont Mme de Pompadour était l'ordonnatrice.

Le duc de Choiseul, qui jusqu'alors avait accueilli les demandes concernant Voltaire avec une certaine froideur, se mit à sa disposition et s'occupa avec zèle de l'obtention du brevet relatif à Ferney (1). Cette saute de faveur n'était pas sans cause ; elle était la suite naturelle d'une

----

(1) Voltaire eut le brevet en mai 1759.

aventure particulièrement piquante dont Voltaire composa l'un des chapitres de ses *Mémoires pour servir à l'histoire de sa vie*. Nous en donnons ici la substance, car cette aventure est en quelque sorte l'explication nécessaire, le prétexte déterminant de la correspondance avec Choiseul.

Dès son arrivée en Suisse, Voltaire avait repris ses anciennes relations avec son royal confrère Frédéric II, qui lui adressait couramment des productions poétiques à corriger. Or, dans les premiers jours de mai 1759, il reçut du roi de Prusse un paquet volumineux contenant des vers et de la prose ; le paquet avait été décacheté. A cette ouverture préalable Voltaire n'eût peut-être pas attaché grande importance si, parmi les pièces de vers que lui soumettait son royal élève, il n'avait trouvé une ode dédaigneuse pour la France, méprisante pour Louis XV et, ce qui était plus grave alors, outrageante pour la maîtresse toute-puissante, Mme de Pompadour. Voltaire, dans ses *Mémoires*, rapporte quelques fragments de cette ode :

O nation folle et vaine,
Quoi ! sont-ce là ces guerriers
Sous Luxembourg, sous Turenne,
Couverts d'immortels lauriers ;
Qui, vrais amants de la gloire,
Affrontaient pour la victoire
Les dangers et le trépas ?
Je vois leur vil assemblage
Aussi vaillant au pillage
Que lâche dans les combats.

Quoi ! Votre faible monarque,
Jouet de la Pompadour,
Flétri par plus d'une marque
Des opprobres de l'amour,
Lui qui, détestant les peines,
Au hasard remet les rênes
De son empire aux abois,
Cet esclave parle en maître !
Ce céladon sous un hêtre
Croit dicter le sort des Rois !

A la lecture de ces vers, tremblant de se les voir imputer ou tout au moins d'être accusé d'avoir travaillé à leur correction, Voltaire se rendit auprès du Résident de France à Genève, le baron de Montpéroux (1), et lui demanda conseil. Il se voyait déjà, sinon arrêté pour

(1) Il représenta la France à Genève de 1750 à 1765.

crime de lèse-majesté, tout au moins écarté à jamais de la Cour de France, près de laquelle il ne désespérait pas de rentrer tôt ou tard en grâce.

L'avis de M. de Montpéroux fut qu'il serait sage de prendre les devants et d'essayer de se concilier les faveurs de la marquise de Pompadour au lieu d'en attendre les colères. Comprenant tout le parti qu'il pourrait tirer des avances auxquelles on le conviait, Voltaire adressa l'ode de Frédéric à Choiseul, alors ministre des Affaires étrangères (1) et favori de la favorite. Le prix de son avance officieuse devait être le renouvellement des franchises de Ferney, premier gage d'un retour favorable dont il prévoyait tous les avantages. La réponse du duc de Choiseul lui apporta la preuve qu'il ne s'était pas trompé dans ses prévisions ; elle l'assure même d'une confiance particulière et qui promet de n'être pas passagère :

(1) Choiseul, ambassadeur à Vienne depuis le mois d'août 1757, avait été appelé à la direction des Affaires étrangères en remplacement du cardinal de Bernis, le 3 décembre 1758.

« A Versailles, ce 20 avril (1) [1759].

« J'espère, mon cher Solitaire suisse, que vous
aurés (2) votre brevet pour votre terre (3), mais
je suis astreint à des formes de M* des requétes
sur cet objet, d'autant plus que cette expédition
ne me regarde pas, parce que je n'ai point de
provinces dans mon département, au lieu que
M. Rouillé avait le Dauphiné, ce qui le mit dans
le cas d'expédier le brevet du président de
Brosse (4). Je ne vous fais tout ce narré en-

(1) Cette date du 20 avril, ne s'accorde pas avec ce que dit
Voltaire dans ses *Mémoires,* lorsqu'il rapporte au commencement de mai l'arrivée du paquet contenant l'Ode de Frédéric.
Il y a là de la part de Voltaire une erreur de détail, comme
nous aurons l'occasion d'en relever quelques autres à son actif.

(2) Nous avons respecté l'orthographe originale ; elle nous a
semblé faire partie intégrante du style et de la personnalité de
l'auteur.

(3) Le 3 juin 1759, Voltaire écrivit à d'Argental : « J'ai le
brevet pour Ferney, plus favorable que je n'avais osé le demander et l'espérer..... Si j'avais pu deviner que M. le duc de
Choiseul pousserait ses bontés, que je vous dois, jusqu'à parler de
moi dans la chambre du roi, j'aurais, moi, poussé l'insolence
jusqu'à demander dans le brevet l'insertion des droits de Tournay. » Lettre 3860. Édition Moland.

(4) Premier Président du Parlement de Dijon. C'est lui qui
avait vendu à vie son domaine de Tournay à Voltaire. Le bail

nuyeux que pour vous prouver que je ne néglige
pas ce qui vous intéresse. J'ai fait connaître au
Roi la façon dont vous vous êtes conduit à l'occasion de la pièce de vers du Roi de Prusse, mais
je n'ai pas mis sous les yeux de Sa Majesté cette
pièce ; je crois qu'il est inutile que les rois connaissent qu'ils ont des confrères assés petits et
assés indécens pour faire d'aussi mauvais vers.
Le Roi de Prusse n'est pas meilleur poëte qu'il
n'est valeureux guerrier; cependant sa qualité
de Roi, son ambition, son désir extrême de
gloire et la peine qu'il se donne pour que l'on
croye qu'il en mérite, fera que quelques imbéciles lui accorderont l'universalité des talens ;
mais les gens sensés et d'un vrai mérite laisseront après eux des monumens qui anéantiront
le clinquant qui environne ce Prince et ne
laisseront voir que son cœur. Dans cette situation l'aspect ne sera pas favorable au Roi de
Prusse.

« Je n'imagine pas qu'il ait la hardiesse de

avait été signé le 11 décembre 1758. Voltaire entra en jouissance
en janvier 1759.

faire imprimer son ode, ni de la divulger ; en tout cas, je vous envoye la réponse que je ferai imprimer sur-le-champ ; elle n'est peut-être pas mieux faite que la sienne, mais elle a le mérite de la vérité, car celui qui l'a fait (1) pense exactement tout ce qu'il a écrit, et l'on est vrai quand on pense ce que l'on dit. Si vous pouviés faire parvenir au Roi de Prusse le conseil d'anéantir sa production, je crois que c'est ce qu'il y aurait de plus honnête ; au reste nous ne craignons pas plus cette guerre là que celle qu'il fait à l'Impératrice (2).

« L'on dirait, à l'audace des écrits de Sa Majesté Prussienne que ce Prince a l'âme forte ; vous la connaissés, elle est bien éloignée d'être imprimée d'un tel caractère ; il ressemble à ceux qui chantent dans les rües parce qu'ils ont peur, et

(1) Ce passage réfute l'affirmation contenue dans une lettre de Voltaire à d'Argental en date du 13 juin 1760. Parlant de la Réponse à l'Ode du Roi de Prusse, Voltaire dit : « ... M. le duc de Choiseul m'écrivit qu'il l'avait faite lui-même. Tant mieux si cela est ; j'aime qu'un ministre soit du métier et j'admire sa facilité et sa promptitude. » Édition Moland n° 4151.

(2) Marie-Thérèse d'Autriche.

sûrement, malgré ces vers, il ne sait pas encore comment finira pour lui la tracasserie qu'il a formée en Europe et qui, par notre patience et la solidité de notre puissance, devrait écraser le pot de terre.

« Adieu, mon cher Solitaire, je vous embrasse de tout mon cœur, et vous laisse le maître de faire passer à S. M. P. tout ce que je vous écris en vous renouvelant mes éloges et mes remercie-ments de la manière honnète dont vous vous êtes servi dans cette occasion pour prouver que vous êtes bon Français et bon sujet du Roi. »

La réponse au pamphlet poétique du roi de Prusse, réponse qu'envoyait Choiseul à Voltaire, avait été composée par Palissot sur l'ordre du Ministre et sous la forme d'une ode en vers, aussi mordante, aussi venimeuse que celle de Frédéric. Dans ses *Mémoires*, Voltaire en rap-porte quatre strophes, mais il les écrivit proba-blement de mémoire, car elles sont tronquées, dit Palissot « au point de n'avoir plus ni carac-tère, ni sens ». Cette Ode qui accompagnait primitivement la lettre de Choiseul, manqùe dans nos copies ; mais, si elle n'a figuré dans aucune des éditions des *OEuvres complètes* de Palissot, elle a été publiée par Palissot lui-même à la suite d'une édition de la *Dunciade* en 1797, et c'est d'après ce texte rectifié que nous en reproduisons les quatres strophes les plus saillantes, car elles s'efforcent d'atteindre en Frédéric II les points sensibles, c'est-à-dire ses mauvais souvenirs de famille, sa vanité littéraire et son horreur des femmes :

Ce n'est plus cet heureux génie,
Qui des arts, dans la Germanie,
Devait allumer le flambeau :
Époux, fils, et frère coupable,
C'est lui que son père équitable
Voulut étouffer au berceau.

Jaloux d'une double couronne,
Il ose, infidèle à Bellone,
Courir sur les pas d'Apollon ;
Dût-il, des sommets du Parnasse,
Pour expier sa folle audace,
Subir le sort de Phaëton.

Vois, malgré la garde romaine,
Néron poursuivi sur la scène

Par le mépris des légions ;
Vois l'oppresseur de Syracuse,
Denis, prostituant sa muse
Aux insultes des nations.

Jusque-là, censeur moins sauvage,
Souffre l'innocent badinage
De la Nature et des Amours.
Peux-tu condamner la tendresse,
Toi qui n'en as connu l'ivresse
Que dans les bras de tes tambours ?

Le dernier couplet, qui répondait trait pour
trait à l'attaque de Frédéric contre les faiblesses
amoureuses de Louis XV, est particulièrement
mordant ; il fait allusion à certain vice du roi de
Prusse sur lequel Voltaire a si méchamment in-
sisté dans ses *Mémoires*. On comprend qu'avec
de telles armes, Voltaire eût pu, s'il l'avait
voulu, engager entre les deux Majestés, celle
de France et celle de Prusse, une guerre à coups
de plume ; mais il n'eût pas été sûr de pouvoir
en rester le modérateur et il trouva plus d'avantages à jouer le rôle d'intermédiaire. Il écrivit
donc à Frédéric (1) une lettre de compliments,

____

(1) Le 19 mai 1759.

lui disant que son ode était fort belle, que les vers étaient certainement les plus beaux qu'il eût jamais faits, mais que leur publication, inutile à sa gloire, deviendrait une nouvelle cause d'inimitié entre la France et lui, et rendrait alors toute réconciliation impossible. Du reste, ajoutait-il : « Ma malheureuse nièce, que cet écrit a fait trembler, l'a brûlé, et il n'en reste de vestige que dans ma mémoire qui en a retenu trois strophes trop belles. »

Avec ces compliments, Voltaire, suivant en cela l'avis de Choiseul, avait arrêté la guerre épistolaire naissante et, très avisé, toujours prêt à tirer profit du moindre service rendu aux puissants de la terre, il songea à étendre son rôle en transportant sa médiation sur un terrain plus sérieux que celui des invectives poétiques. Il se rappela les négociations que, sur l'ordre de Louis XV, il avait entamées en 1743 avec Frédéric, négociations destinées à renouer l'alliance de la France et de la Prusse et qui devaient alors rester secrètes. Il n'avait rien obtenu sans doute, mais, si les vues politiques dont il était l'inter-

prète avaient été tenues en suspicion par le roi
de Prusse, l'accueil personnel qu'il avait reçu
avait effacé pour lui l'amertume d'un insuccès,
et le souvenir des avantages attachés à la position délicate mais indépendante du négociateur,
l'engagea à mettre à exécution une idée qu'il a
lui-même qualifiée dans ses *Mémoires*, de « plaisante, ridicule et bien digne du temps et des événements ».

C'est ainsi qu'il imagina de donner une suite
au commencement de relations provoquées par
les deux odes et d'en profiter pour une mise en
présence des deux parties adverses. Peut-être,
à la faveur de ce premier rapprochement, pourrait-il amener un échange de propositions capables de servir de base à la paix générale. Sous
leur légèreté, ses expressions cachent mal la
satisfaction qu'il éprouvait à s'ériger en arbitre
des destinées du monde et en confident de deux
puissants souverains.

Il escomptait d'avance le profitable honneur
de traiter familièrement le premier Ministre
d'un pays qui lui était pour le moment morale-

ment interdit ; son intervention, utile à la France, n'aurait-elle pas pour résultat d'adoucir les sentiments de Louis XV à son égard, sentiments hostiles aux philosophes en général et particulièrement à celui de Ferney ? Dès lors ne pourrait-il espérer, avec le temps, un retour de faveur, un rappel possible, dont il n'eût pas profité, mais dont sa vanité se fût trouvée flattée ?

D'autre part, Voltaire avec lequel les grands esprits de la littérature et des arts se trouvaient en rapport, Voltaire devenu le centre des visées ou des intrigues des gens de Cour et des philosophes qui se disputaient la gloire d'occuper une place dans les registres de sa correspondance, Voltaire, offrant à Choiseul un échange de lettres suivi, ne pouvait manquer de voir accepter sa proposition presque par de l'enthousiasme. Correspondre avec lui, c'était compter parmi les amis du plus grand génie de ce temps et, ce qui devait particulièrement plaire au ministre de Louis XV, c'était s'assurer le concours du premier des trompettes. Il répondit donc à Voltaire et lui écrivit « plusieurs lettres ostensibles tellement conçues, que le roi de Prusse pût se hasarder à faire quelques ouvertures de paix sans que l'Autriche pût prendre ombrage du Ministère de France, et Frédéric lui en écrivit de pareilles dans lesquelles il ne risquait pas de déplaire à la Cour de Londres ».

Tels sont les termes dont se sert Voltaire pour définir le caractère de la correspondance ; mais, en affectant de ne parler que des lettres ostensibles, il s'absout d'une petite perfidie qui, de sa part, n'étonnera personne. Si certaines de ces lettres étaient écrites pour être montrées de l'un à l'autre, quelques-unes restaient confidentielles et cependant, selon les besoins de sa politique personnelle, il les faisait circuler sans scrupule. Remises aux mains de Frédéric, elles s'en allaient, par les soins de celui-ci, éveiller auprès des Cours russe, anglaise et autrichienne, la défiance et la suspicion envers la Cour de France.

Choiseul, tout en s'en plaignant, ne parait pas avoir pris trop d'humeur des indiscrétions de son illustre correspondant ; il avait trouvé une manière agréable de traiter d'ennuyeuses affaires et, pour un homme porté à aimer le plaisir plus que ses devoirs et à négliger le Ministère pour les boudoirs, les ennuis des risques probables se trouvaient bien compensés par l'intérêt d'un agréable commerce. D'ailleurs, pour expliquer cette indifférence un peu hautaine, ne suffit-il pas de rappeler l'homme de cour qu'était Choiseul et l'affectation qu'il mettait à se donner l'apparence de traiter les intérêts publics sans réflexion, de décider les guerres sans enthousiasme et, par suprême bon ton, de se moquer de tout. Si donc Choiseul gronda Voltaire de ces indiscrétions, du moins comme nous le verrons par la suite, n'insista-t-il jamais beaucoup sur ses reproches.

Quant à Voltaire, il devait, en homme pratique, tirer parti de ses relations avec le tout-puissant Duc, pour mener à bien les affaires les plus diverses et surtout ses affaires personnelles. Depuis son arrivée à Ferney, il avait pris au sérieux son rôle de poète fermier ; il s'intéressait à la bonne tenue de ses champs, à la santé de ses bestiaux et parlait souvent, non sans quelque

affectation, de ses bœufs et de ses labours.
Mais ses nouvelles occupations n'allaient pas
sans de nombreux procès dûs à ses ambitions
territoriales et à son ardeur pour soutenir la
cause de ses paysans qu'opprimait leur curé.
De plus il entrait fréquemment en lutte avec le
fisc, relativement au payement des impôts ou à
des refus de passage sur les différentes frontières
pour ses denrées ou pour son blé. C'était pour lui
l'occasion d'autant de suppliques et de sollicitations adressées au duc de Choiseul, et c'est à une
demande de ce genre que répond celui-ci dans la
lettre suivante :

« A Versailles, ce 28 mai [1759].

« Je vous envoye, mon cher Hermitte, toute
votre affaire aussi bien que nous avons pû la
consommer ; je crois qu'il serait plus aisé de
raccommoder le Roi de Prusse avec l'Impératrice que de faire sortir des blés de France ;
mais j'ai pris mes précautions avec M. de Joly
de Fleury (1) qui m'a promis, ainsi qu'au Roi,

---

(1) Alors intendant de Bourgogne ; province dont Ferney
dépendait juridiquement.

qu'il donnerait toutes les permissions que vous demanderiés à ce sujet. Si il me manquait de parole, vous m'en informeriés, et, quoique je n'aye pas grand crédit sur la robe et sur les fermes, j'employerai tout celui que je peux avoir pour vous satisfaire. Votre ode sur la *Mort de la Margrave* paraît ici ainsi que la lettre qui la suit ; cette lettre vous fera des ennemis puissants, et j'aurais mieux aimé qu'elle ne fût pas imprimée ; mais il ne faut jamais craindre les choses faites. L'ode contre le roi de Prusse restera dans le plus profond secret tant que la sienne ne paraîtra pas ; ce n'est ni moi ni Chauvelin (1) qui l'avons faite ; j'en ai donné la matière et quelques vers ; un de mes amis (2) a composé le remplissage ; je ne la trouve pas trop bonne, parce que je n'ai jamais trouvé une ode bonne, mais elle a le mérite de peindre avec vérité mes sentimens sur le roi de Prusse et le peu de

(1) François-Claude de Chauvelin ; lieutenant général, ministre à Gènes, à Parme, ambassadeur à Turin, maitre de la garde-robe du Roi, et l'un des hommes les plus spirituels de son temps.

(2) Palissot.

crainte que me cause son prétendu héroïsme.
Si le Roi me le permet, je vous assure que
je lasserai très promptement le courage de ce
héros ; ce sera alors que le masque tombera ;
il ne restera que le moral de la plus vilaine
âme qui ait jamais existé. Adieu, mon cher Her-
mite ; écrivez-moi les nouvelles que vous aurés
du Salomon du Nord, assurés de mes respects
Mme Denis et regardés moi comme votre serviteur. »

Les reproches que formule Choiseul au sujet
de la note accompagnant *l'Ode sur la mort de la
Margrave*, étaient motivés par ce fait que Voltaire
saisissait toutes les occasions, même celles qui
semblaient le moins opportunes, pour soutenir ses idées et affirmer ses doctrines. Le
14 octobre 1758, la margrave de Bayreuth,
sœur de Frédéric II, était morte, et Voltaire avait
été chargé par le Monarque de conserver au
monde, dans une ode dithyrambique, le souvenir
de la Princesse dont il glorifia les vertus ; mais,
sous prétexte de donner des développements

explicatifs, il joignit à l'Ode une *Note* (1) complémentaire, dans laquelle il attaquait vivement les Jésuites et faisait l'apologie de la philosophie en défendant les philosophes. Choiseul, qui blâme la *Note*, ne dit rien du poème; les louanges de la famille prussienne ne pouvaient lui plaire, car toute sa correspondance témoigne de son animosité personnelle contre Frédéric; simples représailles, puisque Frédéric, qui le tenait en grand mépris, ne se faisait pas faute de le persifler en prose et en vers. D'ailleurs Choiseul devait être d'autant plus tenté de s'exprimer librement sur le roi de Prusse qu'il se savait assuré de trouver auprès de son correspondant un écho complaisant. Et, de fait, Voltaire, quoiqu'il eût consenti à reprendre sa correspondance avec Frédéric, n'avait nullement oublié son aventure de Francfort, cette odyssée épique qu'il nous raconte tout au long dans ses *Mémoires* ; son emprisonnement partagé avec sa nièce ; ses trente-sept jours de captivité qui lui coûtèrent si cher; ses discus-

(1) Cette note qui parut sans intitulé jusqu'en 1771, prit ensuite le titre de : *Note de M. Morza sur l'Ode.*

sions peu cordiales avec l'Allemand Freytag ; les violences dont il fut l'objet ; les brutalités des soldats qui le gardaient et qui servirent une fois à Mme Denis de femmes de chambre et de rideaux, tout cela pour un livre de *Poéshies* du roi de Prusse ; c'était plus qu'il n'en fallait à un homme comme Voltaire, connu pour ses rancunes tenaces ; et, quoique cette mésaventure fût déjà vieille de six années, il en avait gardé un ressentiment sur lequel il s'expliquait volontiers avec ses amis. C'est ainsi que, répondant aux dernières lignes de la lettre précédente, il écrivait à d'Argental le 29 juin 1759 (1) : « ... Je ne peux en conscience aimer *Luc;* ce roi n'a pas une assez belle âme pour moi. Il me semble que M. le duc de Choiseul le connaît bien. »

Ce surnom de Luc, que nous trouverons souvent par la suite peut, avoir deux origines. On a dit que Voltaire, faisant allusion aux goûts peu féminins de Frédéric, avait choisi pour le désigner cette syllabe dont le retournement donne en

(1) Édition Moland. Lettre 3,880.

effet le mot significatif. Mais on a dit aussi, et plus simplement, qu'il s'était contenté d'appliquer à l'auteur de ses anciens déboires le nom de son singe, bête assez méchante et qui s'appelait Luc.

Cependant, tout en affectant mépris pour mépris, Choiseul ne laissait pas moins percer la préoccupation que lui causait la mauvaise opinion du roi de Prusse à son égard ; on en verra la preuve dans la lettre suivante ; il y exprime le désir d'être fixé sur le degré de cette opinion. Les lettres de Frédéric que lui communiqua Voltaire, ne purent lui laisser aucune illusion ; dans l'une d'elles (1) notamment il lut ces vers à son adresse :

> Alors un certain Duc, s'illustrant à jamais,
> Sauvera l'Empire français,
> Sans capitaine, sans finance,
> Sans Amérique, sans prudence,
> Jusqu'en ses fondements sapé par les Anglais.
> Couvrant tous ces objets d'un voile de prudence,
> Et lâchant quelques mots remplis de complaisance,
> Au genre humain rendra la paix.

(1) Du 17 novembre 1759.

Ces vers, s'ils n'étaient excellents, avaient
cependant le mérite de dire des vérités peu flatteuses, mais évidemment justes. Unie, depuis le
1" mai 1756, à l'Autriche par une alliance qu'une
convention secrète avait confirmée le 30 décembre 1758, la France se trouvait engagée dans la
longue, meurtrière et coûteuse guerre de Sept
ans. Sacrifiant aux ambitieuses menées de Marie-
Thérèse, ses armées, sa marine, ses colonies et
son crédit, elle soutenait une lutte continentale
qui ne pouvait être pour elle qu'un affaiblis-
sement de forces et un amoindrissement de
prestige. Le grand ennemi, le roi de Prusse,
pour entretenir ses armées et pour garder son
royaume, avait signé un traité avec l'Angleterre
qui lui fournissait des subsides, trop heureuse
de le voir occuper sur le continent une nation dont elle convoitait les colonies et dont
elle voulait anéantir la puissance maritime.

Et, depuis trois campagnes, Frédéric se débattait contre les troupes alliées, russes, françaises,
autrichiennes et suédoises. Souvent vainqueur
il eut cependant des revers ; ce fut ainsi que, le

18 juin 1757, il avait été battu à Kollin par le maréchal autrichien Daun, malgré une défense désespérée de ses soldats qui perdirent 25,000 hommes dans la journée. A cette première défaite succédèrent pour Frédéric les revers successifs de ses alliés et de ses généraux, puis la capitulation du duc de Cumberland qui, à Closterseven le 8 septembre 1757, s'était rendu à Richelieu avec 35,000 Anglo-Hanovriens. Assombri par ces revers, entouré de toutes parts par ses ennemis, ne voyant aucun moyen de sortir d'une impasse où sa royauté semblait devoir être définitivement abattue, Frédéric avait résolu de se tuer; mais, voulant mourir en poète autant qu'en Roi, il avait adressé (1) au marquis d'Argens une longue Épitre en vers, dans laquelle il annonçait ses intentions formelles de suicide. Il avait également envoyé cette épître à Voltaire, qui lui répondit aussitôt pour lui faire compliment des vers et pour l'engager à vivre; sage conseil, que le Roi n'eut pas de peine à suivre

(1) D'Erfurt, le 23 septembre 1757.

et dont il se trouva bien puisque, peu de temps
après, il avait battu les Alliés à Rosbach et, re-
prenant une nouvelle confiance en lui-même,
avait tenu la campagne avec honneur. Depuis
trois ans, il restait l'ennemi que les Alliés ne pouvaient vaincre, malgré leurs forces imposantes
et les généraux habiles qui les commandaient.

Tandis que le roi de Prusse se débattait ainsi
contre ses ennemis, entremêlant les combats de
distractions poétiques, luttant et versifiant sans relâche, Voltaire, tranquille à Ferney, à l'abri des
vicissitudes politiques et loin du théâtre de la
guerre, continuait ses multiples travaux. Il terminait alors le premier volume de son *Histoire de Pierre I*, à laquelle il travaillait depuis
deux ans déjà (1) et qu'il avait entreprise sur
la demande de la Cour de Russie; le comte
Schouvalow, qui s'était mis en relations avec lui
en 1757, pour l'engager à écrire cette histoire,

(1) Le premier volume fut imprimé en 1759, mais il ne put
être livré au public qu'en 1760, Voltaire ayant dû attendre
pour la publication l'approbation de la Cour de Saint-Péters-
bourg. Le second volume parut en 1763.

lui fournissait les documents. Il venait d'achever aussi sa tragédie *Tancrède* (1) et, toujours soigneux de ses intérêts, désirant l'appui de madame de Pompadour et prêt aux courtisaneries qui pouvaient le lui faire obtenir, il avait jugé bon de parler à la Marquise de sa nouvelle pièce ; il lui en avait promis l'hommage et, le 23 juin 1759 (2), il écrivit à d'Argental : « Elle (madame de Pompadour) m'a répondu qu'elle attendait la pièce (*Tancrède*). Que faut-il donc faire, mon cher ange ? La donner à M. le duc de Choiseul, et que M. le duc de Choiseul la donne à madame la marquise comme un secret d'État. Elle fera ses observations..... »

Le 29 du même mois, revenant sur ce sujet, il écrivait au même (3) : « ... Il faut donner la maison (*Tancrède*) à madame la marquise ; il faut la confier à M. le duc de Choiseul et que, de ses mains bienfaisantes, elle passe dans les

---

(1) Commencée le 22 avril, terminée le 18 mai. Jouée trois fois à Tournay en octobre 1759, elle parut sur le théâtre à Paris, le 3 septembre 1760.

(2) Lettre 3877. Édition Moland.

(3) Lettre 3880. Édition Moland.

belles mains de son amie. Il voulait, disiez-vous, une tragédie pour pot de vin du brevet (I) : la voilà... »

D'Argental, qui servait d'intermédiaire entre Voltaire et Choiseul pour l'échange de leur correspondance, n'avait pas manqué de remettre au Ministre les lettres et la pièce; peu de jours après cet envoi, Choiseul répondit :

« Versailles, ce 6 juillet [1759].

« Je reçois, ma chère Marmotte, la lettre que vous m'avés fait l'honneur de m'écrire le 29 juin (2). D'Argental m'a remis votre pièce *Paladine*, et je l'ai confiée ce matin à madame de Pompadour, à qui j'ai demandé le plus profond secret ; j'espère que nous trouverons le tems de la lire ensemble je n'ai pas pû y jetter les yeux pendant deux jours que je l'ai eûc dans mon tiroir ; ce ne sont pas les affaires qui m'en ont empêché ;

(1) Le brevet pour Ferney que Voltaire avait reçu en mai.
(2) Nous n'avons pu retrouver cette lettre dont parle Choiseul. Il y en a une du même jour, de Voltaire à d'Argental, dont nous avons donné plus haut un extrait.

ce sont, de par tous les diables, les importuns qui m'obsèdent et qui, sans rien gagner, me font perdre mon tems.

« Tout ce que je vois du Roi de Prusse change en polisson, puisque polisson y a, le héros que je croyais appercevoir. Qu'est-ce que c'est de vouloir se tuer pour des revers, et puis d'être avantageux et inconsidéré comme un petit maître écervelé, qui sans esprit dit de grosses injures ; fi cela fait vomir et sent la mauvaise éducation germanique. Il pourrait battre encore cent fois le médiocre Daun ou en être battu, car tout médiocre qu'il est, il a battu deux fois Sa Majesté Prussienne (1), que je ne mépriserais pas moins le roi de Prusse. Ne pouriés-vous pas engager ce Prince bien disant de vous mander ce qu'il pense sur mon compte ; je ne prétends pas par là lire des vers à ma louange, car je suis persuadé qu'il a de moi en tous genres l'opinion la plus méprisante, mais cependant il me serait nécessaire de juger, à la tournure de ses invectives, la con-

(1) A Kollin (1757) et à Hochkirchen (14 octobre 1758.)

duite ultérieure que j'aurai dans d'autres tems
à tenir avec lui; ainsi je vous prie de me procurer de sa part un portrait injurieux en lui
parlant de moi.

« Votre idée sur Schuvalow (1) est bonne et très
bonne ; vous nous rendrés service en en faisant
usage ; je ne crois pas cependant que l'on ose
dire à Sa Majesté Impériale de toutes les Russies
les propos galants et pleins de sel et de finesse
que le roi de Prusse tient sur elle, ni que messieurs les Russes, tout chambellants qu'ils sont,
soient sensibles à ces fadaises ; mais, malgré la
distance d'une injure au knouke, je crois que
de votre part la connaissance de ces propos ferait
plus de sensation que de la mienne ; et en
tout cas, si cette connaissance ne fait pas de
bien, elle ne fera pas de mal ; il faut convenir que, nous et l'Angleterre, payons pour
notre querelle des spadassins bien extraordi-

____

(1) Il s'agissait sans doute d'envoyer à Schouvalow les lettres
ou les passages des lettres de Frédéric, dans lesquels celui-ci se
plaît à railler d'une manière insultante ses ennemis et parmi
ceux-là l'impératrice de Russie ou plus familièrement la *Rus-
sienne qu'il abhorre.*

naires, mais il sera toujours décidé que les Rois payés sont les polissons et non pas ceux qui payent. Je ne montre pas au Roi les grossièretés du Roi de Prusse; je les garde pour moi; le bien de l'État doit éloigner l'animosité et ne faire voir que l'intérêt, mais je ne laisse pas ignorer à Sa Majesté et à Mme de Pompadour votre zèle français que l'on retrouve dans tout ce que vous faites, et je vous assure que je vois avec plaisir que le Roi y est sensible; pour cela vous pouvés compter qu'elle vous aime beaucoup; je n'affaiblirai pas ce sentiment, ma chère Marmotte, écrivés-moi souvent; aimé moi un peu et compté sur mon véritable attachement. »

Relativement à *Tancrède*, Choiseul n'avait pas gardé longtemps le secret promis. Sa négligence ne dut pas surprendre beaucoup Voltaire, qui s'en plaignit cependant à d'Argental (1) : « ... N'avez-vous pas grondé M. le duc de Choiseul de ce que *la Chevalerie* traine dans les rues... Il ne me paraît

----

(1) Lettre 4212. Édition Moland.

pas douteux à présent qu'il ne faille donner à
Tancrède le pas sur *Médime*. On m'écrit que plusieurs fureteurs en ont des copies dans Paris ; les
commis des affaires étrangères, n'ayant rien à
faire, l'auront copiée... »

Recommander le secret à Madame de Pompadour et laisser le manuscrit à la merci de ses
bureaux, c'est là un trait qui caractérise Choiseul, dont l'esprit ouvert et subtil s'accommo-
dait mal des soins et même des simples précautions. Volontiers il abandonnait à ses suppléants
le soin de suivre les affaires sérieuses, celles
qu'il ne pouvait diriger selon le jeu de son imagination souvent trop vive, et c'est ainsi qu'il
chargea le marquis de Chauvelin, l'ambassadeur,
de faire à Voltaire des observations sur une lettre
que celui-ci avait écrite au roi de Prusse pour
entamer, d'après les instructions du Ministère
français, des pourparlers en vue de la paix.
Le brouillon de Voltaire (1) n'avait pas convenu
en haut lieu et Chauvelin indiquait les corrections

(1) Il n'est pas connu.

nécessaires. Cette lettre de Chauvelin (1) montre la première tentative faite par la Cour de France en faveur de la paix, cette paix que Choiseul, dans sa correspondance, nous présente officieusement comme devenue indispensable.

Voltaire ayant écrit, probablement selon les données rectificatives du Ministère français, Frédéric répondit le 22 septembre 1759 : « ... Mais je vois qu'il s'agit de paix. Tout ce que je peux vous dire de positif sur cet article, c'est que j'ai de l'honneur pour dix, et que, quelque malheur qui m'arrive, je me sens incapable de faire une action qui blesse le moins du monde ce point si sensible et si délicat pour un homme qui pense *en preux chevalier*... Pour faire la paix voilà deux conditions dont je ne me départirai jamais : 1° de la faire conjointement avec *mes fidèles alliés* ; 2° de la faire honorable et glorieuse... Si on veut la paix, qu'on ne me propose rien qui répugne à la délicatesse de mes sentiments. Je suis dans les convulsions des

____

(1) On la trouvera aux pièces justificatives.

opérations militaires ; je suis comme *les joueurs qui sont dans le malheur et qui s'opiniâtrent contre la fortune...* J'ai affaire *à de si sottes gens* qu'il faut nécessairement qu'à la fin j'aie l'avantage sur eux... *La bataille de Minden, celle de Cadix et la perte du Canada* sont des arguments capables de rendre la raison aux Français, auxquels *l'ellébore autrichien* l'avait brouillée. Je ne demande pas mieux que la paix, mais je la veux non flétrissante... Voilà ma façon de penser ; vous ne me trouverez pas à l'eau de rose ; mais *Henri IV*, mais *Louis XIV*, mes ennemis même que je peux citer, ne l'ont pas été plus que moi... »

Cette réponse de Frédéric (1) irrita Choiseul qui la reprend et la critique en un véritable commentaire adressé sous forme de lettre à Voltaire :

(1) Elle domine pour ainsi dire toute la suite des faits que nous étudions et nous croyons utile de la reproduire *in extenso* aux pièces justificatives.

« A Versailles, ce 12 novembre [1759].

« Avés vous connu Meuse (1) mon cher Hermitte ; il avait une terre en Lorraine qui s'appelle Sorey ; dans cette terre était un antique et noble château, sur la porte duquel il y avait une devise qui disait : *A force d'aller mal tout ira bien.* Meuse était de mes parens ; je n'ai point sa terre, mais j'ai conservé sa devise ; elle est applicable au tems, sans quoi amis et ennemis pénétrés de remords des maux qu'ils causent à la terre, devraient s'aller jetter la tête la première dans la prochaine rivière.

« La lettre de Luc, que vous m'avés envoyé et dont je vous remercie, est du même style que ses précédentes ; il y joint la jactance allemande aux anciens sentimens Espagnols, Maures, Grenadins. J'ai de la propension à croire que ce preux chevalier ressemble à ceux qui chantent dans la rue pour s'étourdir sur leur peur. Il n'y a dans toute sa lettre qu'un trait naturel qui est

(1) Le marquis Henri-Louis de Choiseul-Meuse.

quand il dit qu'il a affaire à des bêtes ; ma foi,
rien n'est si vrai ; mais, tout bête qu'ils sont en
particulier et en général, ils doivent à la longue
abbatre une puissance qui n'a pas de consistance
par elle-même. Si Luc veut y réfléchir, il con-
viendra que, le 13 d'août, si ses ennemis l'avaient
voulu, le paladin et sa puissance était à terre et
que la battaille de Minden (1), le combat de
Cadix (2) et la prise de Québec (3) ne lui auraient
pas procuré un tronçon de lance, ni un pouce de
terre. Au lieu qu'une bataille, gagnée contre la
maison d'Autriche, la France et la Russie, ne
détruira pas des empires qui ont une consistance
réelle. Ceci ressemble à la dispute d'un charlatan
contre trois bons médecins. Il est possible que
le charlatan guérisse le malade ; alors il aura une
réputation momentanée, toujours avec la réflexion des gens sensés qu'il est un charlatan ; si
son remède manque, il sera décrié et tout sera
comme de raison dans le mépris ; au lieu qu'il

(1) 1ᵉʳ août 1759.
(2) 17 août 1759.
(3) 18 septembre 1759.

est mort bien des malades entre les mains de
Boerave (1); cependant sa réputation et l'estime
publique qu'il s'est acquise n'en est pas moins
solide. Le Roi de Prusse est le charletan de l'Angleterre. Je ferai encore une comparaison, car je
suis en train : le Roi de Prusse ressemble à un
joueur qui aurait pour toute fortune mille louis
et qui les jouerait contre M. de Montmartel (2)
et les fermiers généraux ; si il joue mieux pendant
un temps à hazar égal, il gagnera gros surtout
lorsqu'il doublera toujours son jeu du produit
de son gain ; il parviendra à incommoder même
les fermiers généraux: mais, si Montmartel et la
ferme s'obstinent à jouer, il arrivera un coup heureux et le joueur brillant jusques à ce coup, sera
réduit à vivre de la charité de la paroisse.
Dites-moi de bonne foi, d'après ces comparai-
sons que je crois justes, si il n'est pas risible
qu'un charlatan habile qui joue les mille louis
des Anglais, se compare à Henri IV et à
Louis XIV. Il n'a ni les vertus ni les vices heureux

(1) Boerhaave, le célèbre médecin hollandais.
(2) Pàris Montmartel, garde du Trésor royal.

de ces deux princes ; ce preux chevalier n'est
qu'un Dom Quichotte yvre qui devrait se souvenir
de la lettre qu'il a écrite à M. de Richelieu
après la capitulation de Closter-Seven (1) ; lais-
sons-le, mon cher Solitaire, cuver son hellé-
bore de vanité ; il n'y a rien à faire avec un
personnage pareil, qui est de mauvaise foi et
qui s'avise de vous parler de *ses fidèles alliés.*

. « Ne craignés rien de ma première lettre ; fût-
elle sous le cotillon d'une Impératrice, elle ne
vous causera aucune peine. Divertissés mon ambassadeur chéri ; je l'envie beaucoup et me repro-
cherai toujours de n'avoir pas passé aux Délices
en revenant de Rome (2). C'est là vraiment où
l'on peut être heureux et, lorsque messieurs les

(1) La capitulation avait été signée le 8 septembre 1757.

(2) Choiseul, ambassadeur à Rome en 1753, revint en
France le 12 février 1757, pour repartir à Vienne en mars. Dans
une lettre au marquis de Chauvelin du 22 novembre 1759, Voltaire fait ainsi allusion à ce paragraphe de la lettre du duc de
Choiseul : « ... Il paraît que vous avez écrit à M. le duc de
Choiseul avec quelque indulgence sur notre compte ; que vous
avez fait valoir notre lac, nos truites et notre vie tranquille, car
il prétend *qu'il est très fâché de n'avoir pas pris sa route par
notre ermitage, en revenant d'Italie.* Grâces vous soient rendues
de tous vos propos obligeants... » Éd. Moland. Lettre 3,984.

souverains se seront assés amusés à dépeupler la terre, je vous demande de m'y conserver un appartement et d'y recevoir le plus véritable et le plus tendre de vos serviteurs.

« Ma lettre était finie quand je reçois la vôtre du 6 (1); vous avés raison de me gronder; ce n'est cependant pas ma faute et je vous assure que je voudrais passer ma vie à vous écrire et à recevoir de vos lettres.

« Je n'adopte pas, ou du moins ne dois-je pas le dire, toute votre lettre à Luc; il n'y a pas de mal que vous l'ayés envoyée; nous verrons la réponse, mais je vous assure qu'elle sera fière surtout si, comme je n'en doute pas, il étrille MM. les Autrichiens avant la fin de la campagne. Je ne suis pas attaché *aux castors,* mais chés moi, mon cher Hermitte, tout est perdu, hors l'honneur. Je n'ai pas le tems de vous en dire davantage. »

Le 13 août 1759, le roi de Prusse s'était trouvé une fois encore dans une passe difficile.

____

(1) Nous n'avons pu retrouver cette lettre.

Entouré par les Russes et les Autrichiens à Kunersdorf, il avait attaqué quatre-vingt mille hommes avec quarante-cinq mille. Ayant tout d'abord tourné les Russes, il les força, non sans en faire un grand carnage ; mais, s'étant brisé contre les Autrichiens, il permit aux Russes de se rallier et ses troupes, écrasées entre les deux armées réunies, se rompirent et se mirent en déroute complète. De l'aveu de Frédéric lui-même, si les Russes avaient su profiter de la victoire, la Prusse était perdue ce jour-là. Il n'en fut rien ; les Alliés trop affaiblis ne songèrent qu'à pourvoir à leur propre sûreté. Un instant, Frédéric avait craint d'être réduit à la nécessité de subir, comme après la capitulation de Closterseven, la honte d'inutiles propositions de paix. On connaît la lettre qu'il avait écrite alors au maréchal de Richelieu (1), lettre assez humble à laquelle fait allusion Choiseul. Richelieu, n'ayant pas d'ordres de sa Cour, n'avait pu répondre que par une fin de non-recevoir. Or

______

(1) Cette lettre est datée de Rote, 6 septembre 1757.

Voltaire avait quelque raison de se considérer comme ayant une part dans cet échec. Prenant sur lui de tenter une entremise, il avait écrit à la sœur de Frédéric (1) pour qu'elle engageât ce Prince à solliciter l'intervention du maréchal de Richelieu, puis à celui-ci (2) pour l'instruire de la démarche probable et pour le convier à couronner sa gloire de guerrier par les lauriers du pacificateur.

On a vu comment cette tentative de Voltaire n'avait abouti qu'à la confusion du roi de Prusse ; pourtant il ne se laissait pas décourager par le souvenir de ce premier insuccès et ce qu'il n'avait pu mener à bien en 1757, il le recommençait en 1759, en s'appuyant cette fois sur le bon vouloir du Ministère français. Il ne désespérait pas d'y réussir et déjà se félicitait de ses relations avec Choiseul, dont les lettres étaient remplies d'aménités à son endroit. La lettre précédente avait dû caresser particulièrement son amour-propre, car il en reparle, le

(1) En août 1757. Lettre 3394. Édition Moland.
(2) Lettre 3402. Édition Moland.

24 novembre, dans une lettre à d'Argental (1) :
« ... M. le duc de Choiseul m'a mandé que feu
M. de Meuse avait une terre sur la porte de
laquelle était gravé : *A force d'aller mal tout va
bien*. Je vous demandais s'il daignait être content
de moi (2), je vous dis aujourd'hui qu'il a la
bonté d'en être content. »

Voltaire était d'autant plus soucieux de plaire
au duc de Choiseul qu'il méditait de donner à
son rôle officieux un caractère plus officiel (3).
Il entretenait alors un commerce actif de paquets
avec Frédéric, qui s'appelle pour la circonstance
le *banquier de Leipsick* et dont les ennemis sont
désignés sous le sobriquet de *créanciers ;* commerce à double partie, les paquets littéraires
étant adressés directement à Frédéric et pouvant
courir le risque d'être ouverts en route, tandis
que les paquets politiques et secrets étaient ex-
pédiés par l'intermédiaire d'un homme de paille

(1) Lettre 3986. Édition Moland.

(2) Lettre à d'Argental du 22 octobre 1759. Edition Moland. 3954.

(3) Il en parle à d'Argental (à lui seul) dans une lettre que
nous reproduisons aux pièces justificatives.

nommé Pertriset (1). Voltaire comptait, pour l'extension de son rôle, sur les facilités que lui créaient ces relations, et ce qui l'encourageait, c'est que ses premières négociations venaient d'avoir un résultat. A la sollicitation de Frédéric, Pitt avait consenti à ce qu'une proposition de congrès pour la paix fût déposée, au nom de l'Angleterre et de la Prusse, entre les mains des États généraux à La Haye. L'Ambassadeur anglais en Hollande avait fait des ouvertures dans le même sens à l'Ambassadeur français ; malheureusement les prétentions de l'Angleterre étaient exagérées et la France fut obligée de leur opposer une certaine résistance. Frédéric en prit prétexte pour ne rien céder ; il accusait les Français de débattre leurs intérêts les plus graves avec une extrême légèreté et, si les hostilités continuaient, il en rejetait la faute sur le Ministère français. Dans toutes ses lettres à Voltaire nous le voyons exprimer cette opinion. Le 20 juin 1759, il lui écrit : « ... Vous criez tant

(1) Voir la lettre, de Voltaire à la duchesse de Saxe-Gotha, du 8 décembre 1759. Édition Moland. 3995.

pour la paix qu'il vous conviendrait mieux
d'écrire, avec cette noble impertinence qui vous
va si bien, contre ceux qui en retardent la conclusion, contre tous ces gens qui sont dans les
convulsions et dans le délire !... » Puis à des
vers de Voltaire il répond par des vers : (1)

> Votre muse se rit de moi,
> Quand pour la paix elle m'implore.
> Je la désire, je l'honore,
> Mais je n'impose point la loi
> Au *Bien-Aimé* votre grand roi ;
> A la Hongroise, qu'il adore ;
> A la Russienne, que j'abhorre ;
> A ce tripot d'ambitieux
> De qui les secrets merveilleux
> Que Tronchin sait et que j'ignore,
> Ne sauraient réparer les cerveaux vicieux
> Qu'en leur donnant de l'ellébore.
> Vous à la paix tant animé,
> Vous qu'on dit avoir l'honneur d'être
> Le vice-chambellan du second *Bien-Aimé*,
> A la paix, s'il se peut, disposez votre maître.

Enfin, le 19 novembre 1759, il écrit encore
à Voltaire une longue lettre de laquelle nous
extrayons ces passages : « ...Vous apprendrez par

____

(1) Lettre du 2 juillet 1759.

la déclaration de La Haye si le Roi d'Angleterre
et moi nous sommes pacifiques. Cette démarche
éclatante ouvrira les yeux au public, et fera dis-
tinguer les boute-feux de l'Europe de ceux qui
aiment l'humanité, la tranquillité et la paix... La
France est maîtresse de s'expliquer... Il est temps
de mettre fin à ces horreurs... Tous ces désastres
sont une suite de l'ambition de l'Autriche et de
la France... » Sa lettre finissait ainsi : « N. B...
Suivant le révérend père Dionysius-Hortella, il
faut, lorsque César est roi des Juifs, et bien juif
lui-même et lorsqu'il est duc de Lorraine, que
les Turcs et les Français donnent à César ce qui
est à César. Il dit qu'un pareil exemple de restitution encouragerait toutes les petites puissances de l'Europe à l'imiter : Qu'en pensez-vous?
Ce savant docteur ne raisonne pas si mal. »

Ce post-scriptum, sous sa forme un peu apoca-
lyptique, cache une demande de restitution de la
Lorraine. Jointe aux exigences de Pitt qui ne
voulait de la paix à aucun prix, cette demande
présentée par le roi de Prusse éclaira le Ministère français sur les ambitions secrètes de

ce Prince. Choiseul, qui en avait eu communication par l'entremise de Voltaire répond ainsi :

« A Versailles, 20 décembre [1759].

« Je réponds, mon cher Hermitte, à vos lettres du 30 novembre, une autre sans datte, à celles des 3 décembre et 15 décembre (1). J'aime mieux votre lettre du 30 novembre que toutes celles de Luc et même que les exploits des différentes parties belligérantes ; vous avés un esprit charmant. J'ai montré cette lettre au Roi et à sa société ; je les ai fort assuré que j'avais trouvé le pupitre, qu'il ne me restait plus qu'à trouver le traité à signer dessus une base aussi agréable ; je ressemblerai, du moins dans cette partie, à Mylord Bolinbroke (2) ; elle m'inspirera et me donnera peut-être quelques autres ressemblances avec ce ministre ; en attendant je vous

---

(1) Ces quatre lettres ne sont pas connues.

(2) Bolingbroke. Homme d'État anglais qui fut, comme représentant du déïsme en Angleterre, un des maitres de Voltaire. L'un des négociateurs de la paix d'Utrecht, il était au dire de Voltaire lui-même (voir *Histoire de Charles XII*) un des plus brillants génies et l'homme le plus éloquent de son siècle.

remercie du plaisir que vous m'avés fait par votre lettre ; il y avait longtems que je n'en avais eù en lisant des papiers.

« Vous m'avés envoyé deux lettres de Luc, une du 12 novembre et l'autre du 21 (1). La 1ʳᵉ, unie à celle de M. Fink (2), est très honnéte pour moi ; il y a une vérité qui est que mon écriture est indéchiffrable (3) et que je n'ai point dans la tête les idées romanesques et *peu politiques* de mon prédécesseur ; mais la 2ᵐᵉ lettre n'est pas si bien ; la plaisanterie ne va pas à la matière, ou, si l'on traite légèrement un intérêt aussi sensible pour ce moment-ci ou pour l'avenir, il ne faut pas se laisser écraser par des fautes multipliées par le...... (4) général ; Luc ne nous aime pas tant que nous l'aimons ; nous avons peut-être tous deux raison, mais Luc doit songer

(1) La première nous est inconnue ; par celle du 21, Choiseul entend celle de Frédéric à Voltaire, du 19.

(2) L'aide-de-camp de Frédéric.

(3) L'écriture de Choiseul a été définie par Voltaire : « Il écrivait comme un chat. » Lettre 3965. Édition Moland.

(4) Le mot laissé en blanc dans la copie était probablement illisible dans l'original.

à ses intérêts et penser que le mépris qu'il a affecté pour les nations est très dangereux soit à la guerre, soit dans le cabinet ; je me flatte, quelque mépris qu'il ait pour les Français, qu'il ne nous croit pas assés imbéciles pour donner dans le paneau de La Haye ; tout ce que nous pouvons faire de mieux c'est d'en avoir l'air, parceque l'air de dupe convient à ceux qui sont battus et que, dans toutes les situations hors en amour, il faut partir du point où l'on est ; mais gare pour nous, pour Luc, pour l'Europe, l'Asie et l'Amérique, que les Autrichiens ne partent de ce même point et ne veuillent pas abandonner leur pays qu'ils détruisent d'autant par lambeaux. Quant à nous, je ne connais au Roi qu'une guerre, qui est celle d'Angleterre, et qu'un moyen de la terminer, qui est la médiation de l'Espagne. La guerre d'Allemagne ne nous intéresse pas personnellement et nous ne demandons pas mieux qu'elle soit finie à la satisfaction des parties belligérantes, car certainement nous ne voulons rien dans cette partie. Voilà au naturel ce que je pense et dont je ne me départirai pas.

Luc a trop d'esprit pour nous parler de restitution de la Lorraine et pour continuer ses sarcasmes contre nous. Mandés lui que, malgré
nos échecs et d'après les siens, le Roi pourra
perdre pour un tems ses possessions d'Amérique, mais qu'il est encore le maître d'anéantir,
s'il le voulait, la puissance Prussienne ; si la
paix ne se fait pas cet hyver, il ne nous restera plus que ce parti à prendre et il faudra bien
s'y soumettre, quelque dangereux qu'il soit.

« A Dieu, mon cher Hermitte ; voilà tout ce
que je peux vous répondre à vos lettres. Je vais
me consoler, avec mon pupitre, de l'ambition, de
l'animosité, de la cruauté, de la fausseté des
Princes ; le cul de ma maîtresse me fait oublier
tous ces objets et augmente mon mépris pour
les grandes actions des personnages qui ont de
pareils défauts ; au lieu de cela je dis à ma maîtresse vos vers et nous vous louons délicieuse-
ment. »

Tout en se flattant que le pouvoir d'anéantir
le roi de Prusse reste au roi de France, Choi-

seul avoue que le parti lui paraît dangereux, si
dangereux même qu'après l'échec des conférences
de La Haye, à la veille d'une nouvelle campagne, il écrit lettres sur lettres pour engager
Voltaire à persuader à Frédéric qu'il était perdu,
lui Frédéric, s'il ne faisait pas la paix et s'il n'in-
sistait pas auprès de l'Angleterre afin qu'elle ré-
duisît ses prétentions :

« Ce 14 Janvier [1760].

« Luc sans généraux, sans vertus, sans conduite, cédera tôt ou tard à la toque bénite (1) et
quand cela sera fait qui le relevera? Ce ne sera
pas la France, encore moins l'Angleterre. Il faut
que Luc soit fol à mettre aux petites maisons
de Vienne, si il ne fait pas l'impossible pour engager l'Angleterre à faire la paix cet hyver; car,
sans cette paix, qu'arrivera-t-il ? que la France
fera la guerre, que, la faisant avec désavantage
sur mer, elle tâchera de s'en dédommager par

____

(1) Le maréchal autrichien Daun, auquel le pape Clément XIII
avait envoyé une toque et une épée bénites après la bataille de
Hochhirch. Cet envoi était pour Frédéric l'objet de railleries
souvent renouvelées.

des efforts sur terre, qu'elle sera forcée de se lier plus fortement pour cet objet avec la Russie et Vienne, que Luc sera anéanti parceque sa puissance n'est pas une puissance de consistance, que nous ne ferons pas toujours les mêmes fautes et que, Luc terrassé, chacun cherchera à s'accomoder et pensera à se mettre en système sans songer à l'acteur que l'on aura ôté de la scène. Je pense en honneur et en vérité ce que je vous mande ; mais je vous prie de ne le lui pas écrire ; il m'a joué le tour d'envoyer en Angleterre la lettre que je vous ai écrite en été (1) ; de là elle a fait plus de chemin, car la nouvelle m'est venue par Pétersbourg. J'aurais quelques petits reproches à vous faire de confier des lettres que je vous écris d'amitié, et sans trop faire d'attention à ce qu'elles contiennent, et de les confier à qui, à quelqu'un qui mésuse de la liberté qui doit régner dans ces sortes de lettres au point de les envoyer en Angleterre et en Russie. Je ne désavoüe jamais ce que je dis ou ce que j'écris, parce

(1) Nous ne connaissons que celle du 6 juillet 1759, publiée plus haut.

que j'espère ne rien dire de malhonnéte ; mais cependant je ne connais pas assés l'Impératrice de Russie pour avoir la confiance que l'on lui communique toutes les lettres d'amitié que je peux vous écrïre. Cette aventure m'a dégoûté absolument ; elle est déplaisante, elle ne produira rien à Luc, mais elle me donne une leçon vis-à-vis de lui dont je me souviendrai. Cet homme ne sait peut-être pas que j'ai la réputation d'avoir eu de l'ambition et que je n'en ai pas l'ombre, que je hais les affaires à mort, que j'aime mon plaisir comme si j'avais 20 ans, que je m'embarrasse fort peu de l'argent et que la fortune la plus médiocre qui me ferait vivre me serait suffisante, que je crois, sûrement par sottise et par hauteur, qu'hors à mon Maître, quand j'ai fait la révérance à un souverain, je lui ai rendu tout ce que je lui dois ; que je ne suis point étourdi ni par la gloire ni par la chûte des Rois, et qu'enfin j'aime plus que tout la société, la bonne foi et la douceur ; et quand on m'a manqué une fois, Luc serait-il cent fois plus grand *qu'il n'est et qu'il ne sera*, on manquera peut-être au Roi mon Maître, mais on n'attrapera plus son ministre. La Russie n'a pas manqué de nous faire passer les soupçons obligeants que l'on lui avait donnés contre nous ; l'éclaircissement a été aussi un peu prompt, car nous ne sommes pas en guerre contre le Roi de Prusse et par conséquent nous ne pouvons pas traitter avec lui d'une paix particulière. Ce sont ses ennemis *ou ses alliés* qui peuvent faire sa paix, mais ce n'est pas nous, et, à moins qu'il n'ait un acharnement décidé contre la France, il a grand tort de chercher à nuire à notre réputation en semant des soupçons.

« A bon entendeur salut. Si vous vous servés de quelque phrase de cette lettre, vous les copierés et les ajouterés, mais surtout en disant que je vous ai grondé et que je suis de mauvaise humeur de ce qui est arrivé en Russie ; ce qui effectivement est vilain en pure perte.

« Si vous croyés pouvoir mander à Luc que vous m'avés envoyé sa lettre ostensible du 18 (1),

______

(1) Nous ne savons pas quelle est cette lettre.

mandés lui que je vous réponds affirmativement qu'il n'est pas plus question des Pays-Bas pour l'Infant D. Philippe (1) que de la Champagne pour le Mogol ; il a les nouvelles des anciens rêves si il pense que l'on songe encore à ces déplacements ridicules. La France est raisonnable vis-à-vis de l'Angleterre qui ne doit pas prendre un ton si peu modéré ; car, malgré ses victoires, nous soutiendrons la guerre encore plus longtemps qu'elle ; il est vrai que ce serait avec le malheur de ne pas faire le carême commodément, mais N. S. P. le Pape nous en dispensera. Quant à l'Allemagne, le Roi de Prusse peut être sûr que la France ne veut ni n'espère aucun dédommagement et qu'elle abandonne toute vüe dans ce genre à l'espoir de voir la tranquillité établie. Autrefois nous nous sommes emportés, mais j'ai suivi depuis un système très modéré, il ne changera pas ; mais je vous assure qu'en même temps

---

(1) Par une des clauses du second pacte signé entre la Cour de France et Vienne, le 1ᵉʳ mai 1757, une partie des Pays-Bas autrichiens devait passer à l'Infant duc de Parme (D. Philippe), en échange de son duché qui devait être cédé à l'Autriche.

j'aimerais mieux mourir que de ne pas soutenir
cette modération avec la plus grande hauteur. Je
ne parle pas des injures que le Roi de Prusse et les
Anglais disent et impriment de nous ; le plus profond mépris est le seul dédommagement de pareilles insultes. Adieu, etc. Vous serés toujours
dans mon cœur un ami tendre et estimable, et
sur le dessus de lettre un gentilhomme ordinaire
du Roi.

« Je vous renvoye votre mémoire apos-
tillé (1). »

Ainsi que cette lettre nous l'apprend, Choiseul avait bientôt reconnu le danger d'avoir pris
Voltaire pour confident. Le vieil Ermite qui, pour
égayer sa solitude s'était fait le nouvelliste des
grands, livrait les secrets des uns pour attirer les
secrets des autres et, puisqu'il avait envoyé au
Ministre français la copie d'une lettre émanant
du roi de Prusse, il jugeait la réciproque toute

(1) Ce mémoire était sans doute relatif à l'affaire Prévost,
dont Voltaire donne l'explication dans une lettre à d'Argental
du 11 janvier. Édition Moland, n° 4025.

naturelle. C'est ainsi qu'il écrivait à Frédéric :
« ... Je ne puis m'empêcher de vous envoyer la
réponse qu'on m'a faite. Je puis bien trahir un
duc et pair ayant trahi un roi ; mais je vous en
conjure, n'en faites semblant. Tâchez, Sire, de
déchiffrer l'écriture (1). » Comme en témoignent
ces quelques lignes, il faisait parfois l'aveu de
ses petites trahisons ; mais, suivant les circonstances, il n'éprouvait aucune gêne pour s'en défendre et, par d'Argental, il avait fait répondre
aux soupçons exprimés par Choiseul : « ... A
l'égard de Luc, je n'ai fait autre chose qu'envoyer
à M. le duc de Choiseul les lettres qu'il m'écrivait pour lui être montrées. Je n'ai été qu'un
bureau d'adresse. Il voit d'un coup d'œil ce qu'il
peut faire de ces épîtres, si tant est qu'on en puisse
faire quelque chose (2). »

Le bureau d'adresse avait par trop manqué de
réserve et de discrétion ; on a vu par la lettre
précédente que les soupçons de Choiseul se chan-
gèrent en reproches, et Voltaire y fut assez sen-

(1) Lettre du 6 novembre 1759. Édition Moland, n° 3965.
(2) Lettre du 11 janvier 1760. Édition Moland, n° 4025.

sible pour en parler dans ses *Mémoires*. Tout en les excusant, il fait allusion aux perfidies du roi de Prusse... « comme d'avoir, dit-il, envoyé à Londres des lettres que je lui avais confiées, d'avoir voulu semer la zizanie entre nous et nos alliés, toutes perfidies très permises à un grand Roi, surtout en temps de guerre (1)... »

Il faut croire que les intéressés trouvaient à ce jeu des secrets trahis un système de compensation suffisant, car ils ne cessaient pas d'y donner prétexte et continuaient non seulement leur envoi de lettres, mais encore le don gracieux de leur bienveillance au Solitaire, qui ne se faisait pas faute d'en user. Il ne manquait pas de citoyens génevois en faveur desquels il avait à solliciter la protection de Choiseul, et la bonne volonté de celui-ci ne se démentait pas, puisque Voltaire, qui payait les services par des louanges, écrit à cette époque au maréchal de Richelieu (2) : « ... Je m'imagine que vous devez être l'ami de M. le duc de Choiseul. Je n'en sais rien, mais je le crois,

(1) A la date du 12 février 1760.
(2) Lettre du 23 janvier 1760. Édition Moland, n° 4032.

parce qu'il me paraît avoir quelque chose de votre caractère. Il pense noblement, il rend service sans balancer, il aime le plaisir, il a beaucoup d'esprit... »

Toutefois, si Choiseul se donne l'apparence de ne pas attacher trop d'importance à la fuite de sa lettre confidentielle, il en garde plus d'humeur qu'il ne veut en avouer. C'est qu'il se débattait en d'assez grands embarras pour n'avoir pas besoin de petits incidents pouvant lui créer de nouvelles complications. Il lui fallait soutenir la guerre, réparer les pertes de l'armée et refaire la marine, dont l'état précaire s'était encore aggravé de la perte de plusieurs vaisseaux, à la suite des maladroites manœuvres de M. de Conflans. Or le crédit était ruiné par quatre campagnes et par les prodigalités du Roi et de sa favorite. M. de Silhouette, contrôleur général des finances, venait de se rendre impopulaire par des augmentations d'impôts et par la suspension des payements de l'État; le lieutenant général de police Bertin, qui l'avait remplacé, n'avait pu faire face aux premiers besoins qu'en empruntant de l'argent au prince de Conti, puis au Roi lui-même qui avança deux millions au Trésor. Mais ce n'étaient là que des expédients. Enfin le Parlement consentit à enregistrer pour deux ans de nouveaux impôts, l'émission de trois millions de rentes viagères en forme de tontine au capital de trente millions, l'établissement d'un troisième vingtième et un doublement de la capitation. Bertin put aussi tirer quelque argent des Fermiers généraux; dès lors il parut assuré que toutes ces rentrées de fonds, si péniblement obtenues, allaient permettre à la France d'entrenir en Allemagne, pour la campagne de 1760, des forces supérieures à celles des Anglo-Hanovriens; et cette assurance permit au Ministre français d'élever, dans la lettre suivante, le ton de ses propositions sans abandonner cependant ses espérances d'une paix possible, préférable selon lui aux aléas d'une nouvelle campagne.

« A Versailles, ce 13 mars 1760.

« Je ne vous dirai pas, mon cher Solitaire, comme M. de Louvois à son correspondant : vous

ne m'écrivez pas des sottises, mais vous me mettés dans l'embarras; vous savés ce qui est arrivé
à une lettre que je vous ai écrite l'été dernier;
de Londres elle a été à Pétersbourg, et de Pétersbourg à Vienne; je me suis tiré tant bien que
mal de cette tracasserie qui était étoffée; ceux
qui me l'ont fait ont je crois mal calculé; mais
il est permis à un Roi de ne pas calculer juste
et il n'est guères permis à un Ministre de faire
une étourderie, et encore moins de la récidiver.
Au reste je remarque dans la lettre que vous
m'avez envoyé (1) une phrase qui ne nous convient nullement, qui est celle où il est dit que l'on
s'adresse à vous et où l'on fait entendre que
nous faisons des démarches vis-à-vis S. M. P. Je
nie absolument ce fait. Je converse avec vous
comme mon ami; j'hazarde même, ainsi que l'auteur de la lettre, des idées mal digérées qui se
présentent à mon esprit, mais je déclare bien
formellement que je ne suis nullement autorisé à
parler ministériellement sur les objets de nos

---

(1) Nous n'avons pu trouver la lettre dont il est question ici.

lettres, que mon Maître ne les connait pas parce que j'écris à mon ami sans montrer mes lettres à mon Maître. D'après ces principes, je vais vous dire mon sentiment particulier sur ce que vous m'avez envoyé; il est vrai que nous sommes malheureux et que les calculs les plus justes ont été anéantis par les événemens les plus imprévus et les plus fâcheux, mais je vous assure que je suis à plaindre, mais pas abattu. Ne fixés aucune idée sur les propos du public; notre peuple est plus peuple qu'un autre; croyés qu'il reste des ressources infinies à cette Monarchie et, si la guerre continue, nos ennemis verrons, à ce que j'espère, ce que c'est que la puissance de la France; je ne dis pas que nos projets réussissent, mais je suis certain que si ils manquent, ce sera par l'exécution et non pas par les moyens. L'on fait dans votre lettre deux tableaux de notre situation qui certainement ne sont pas justes, du moins d'après nos idées. L'on suppose que nous n'avons pas les fonds nécessaires pour la campagne prochaine et que, si nous continuons la guerre, nous perdrons nos colonies sans espérance de les récupérer. Quant au premier point, le Roi vient d'augmenter ses revenus ordinaires de 36 millions par an, et cette augmentation durera dix ans, de sorte que jusques en 1762 nous sommes tranquilles sur le payement des frais de la guerre. Quant aux colonies, il faut que nous n'ayons pas sur cette partie une inquiétude pressante, puisque ce que nous désirons le plus est que nos intérêts d'Amérique ne soient pas confondus avec la guerre d'Allemagne, qui nous est parfaitement étrangère et que nous ne faisons que parce que nous ne pouvons pas faire autrement; car je vous certifie que la France ne veut pas dans cette partie un seul village pour dédommagement de ses dépenses, non seulement pour elle, ni même comme on l'a vu pour aucun membre de la maison de Bourbon. Dans cette situation, sans faire de réflexion sur la politique future, qu'y a-t-il de mieux que le projet que la France a proposé. Je demanderais au Roi de Prusse si il est le maître de faire faire à ses alliés tout ce que bon lui semble, de vous donner son secret, car j'avoue que nous ne l'avons pas et que c'est en conséquence que nous pensons que l'on devrait entendre, que pour que la France ne se batte pas en Allemagne, il faut qu'elle fasse la paix avec l'Angleterre ; tout autre moyen, soyés en persuadé, ne parviendra pas au bût ; au lieu que la paix d'Angleterre, convenable à la France mais avantageuse pour les Anglais en proportion de leurs succès, empéchera, si le Ministre anglais le veut, la guerre d'Allemagne dès cette année ; il faut se presser, sans quoi la campagne commencera, et personne ne peut juger quelles en seront les suites, ainsi que les changements que ces événements produiront dans le système de Paix que nous adoptons et que nous désirons. Enfin, mon cher Solitaire, nous ne voulons point d'avantages pour nous, et nous convenons que les battus doivent payer l'amende. Je doute que nos ennemis aient des principes aussi modérés ; si ils étaient de bonne foi, ils profiteraient de notre franchise et de notre volonté pacifique ; la route est indiquée ; je suis très convaincu que le Roi de Prusse en connaît toute l'étendue, c'est à lui à la faire suivre si elle lui convient. Si les ennemis sont de mauvaise foi, ce qu'en vérité j'ignore, malheur à l'Europe, nous en serons très affligés; mais croyés qu'il n'est pas possible que nous fassions mieux pour faire cesser ce fléau, et nous verrons et coopèrerons avec le repos de la bonne conscience à toutes les horreurs qui en sont la suite. Je présente mes hommages à votre Solitude. »

Voltaire avait pu ne pas s'arrêter aux reproches que Choiseul lui présentait sur un ton assez dégagé dans une première lettre, celle du 14 janvier; mais ces reproches réitérés deux mois plus tard et sous une forme plus directe lui firent craindre une diminution de faveur; il s'en ouvrit à d'Argental (1). « ... A propos, j'ai toujours peur d'avoir fait quelques sottises entre M. le duc de Choiseul et *Luc*. Je tâche cependant de ne me point brûler avec des charbons ardents. Je me flatte que M. le duc de Choiseul n'est pas mécontent de ma conduite et qu'il n'a

(1) Lettre du 27 avril 1760. Édition Moland, n° 4109.

que des preuves de mon zèle et de ma tendre reconnaissance pour ses bontés. Seriez-vous assez
aimable pour m'assurer qu'il me les continue ?... »

Ce qui justifiait de sa part cette inquiétude,
c'est qu'il n'avait pas reçu de réponse au sujet
d'une faveur sollicitée dépuis plusieurs mois.
Un lieutenant-général, le marquis de Langallerie,
avait été condamné pour désertion en 1708 et,
de ce fait, ses descendants se trouvaient éloignés
du Royaume. Voltaire avait demandé pour le fils
du Marquis l'autorisation de rentrer en France
avec un grade dans l'armée et pour les petits-fils
une place à l'École militaire et une pension.
Dès le mois de janvier, Voltaire avait chargé
Pàris Duverney (1) d'en parler à Madame de
Pompadour ; il n'en avait pas eu de nouvelles.
Toutefois ce retard n'avait pour cause qu'un
oubli ; Choiseul, dont l'esprit était trop léger
pour s'arrêter longtemps à une affaire désagréable, n'avait pu garder rancune à Voltaire
et, par la lettre suivante qui l'assurait de la con-

(1) Par une lettre du 7 janvier 1760. Édition Moland, n° 4021.

tinuation de ses bonnes grâces, il le confirme
dans le rôle de confident :

« A Versailles, ce 22 avril [1760].

« La lettre que vous me confiés dattée de
Frieberg du 25 mars(1), mon cher Solitaire, me
paraît d'autant plus extraordinaire que j'en ai
vû une du même personnage (2) et à peu près du
même tems qui n'avait pas le ton si fier. Quoi
qu'il en soit, je vous prie d'assurer le Roi de
Prusse que je suis son humble serviteur, que je
respecte profondément sa dignité de Roi, mais
qu'hors la personne de mon Maître que j'aime,
je ne me souci pas plus des autres Rois de la
terre que des chartiers de Touquin, même de ceux
de Berlin, si il en reste dans ce petit et malheureux pays. Vous ajouterez à S. M. P., et je vous
demande en grâce, que je lui défie de jouer un

____

(1) Nous n'avons trouvé vers cette date et de cette prove-
nance que la lettre de Frédéric à Voltaire du 20 mars 1760,
lettre qui commence par ces vers :

> Peuple charmant, aimables fous
> Qui parlez de la paix sans songer à la faire.

(2) Frédéric.

tour, approuvé des honnêtes gens, à un ministre
qui quitterait sa place avec le plus grand plaisir
du monde, qui croit que la paix est un bien
nécessaire et qui voudrait au prix de son sang
la procurer, qui sert un Maître qui ne veut pas
acquérir un pouce de terrein sur le continent et
qui consentira pour la tranquillité de son royaume de payer dans les autres parties du monde
parce qu'il a été battu. Vous pouvés ajouter que
je jure de bonne foi que je n'ai nulle ambition,
mais en revanche j'aime mon plaisir à la folie,
je suis riche; j'ai une très belle et très comode
maison à Paris; ma famme(1) a beaucoup d'esprit; ce qui est fort extraordinaire, elle ne me
fait pas cocu; ma famille et ma société me sont

(1) Louise-Honorine Crozat du Chatel, qu'il avait épousée
alors qu'elle avait à peine quinze ans, le 12 décembre 1750.
Sans être précisément jolie, elle était gentille avec de beaux yeux.
Aimable et bonne, elle adorait son mari dont elle eut souvent
à souffrir, sans jamais se plaindre des préférences qu'il marquait
à d'autres femmes. Lorsqu'il mourut, elle se retira dans un
couvent pour pouvoir payer les dettes qu'il laissait et qui mon-
taient à six millions de livres. Voltaire qui l'estimait sans la
connaître, entretint avec elle une correspondance de 1768 à
1771.

agréables infiniment ; j'aime à faire enrager Dargental, à boire et à dire des folies jusques à 4 heures du matin avec M. de Richelieu. On a dit que j'avais des maîtresses passables, je les trouve moi délicieuses ; dites-moi, je vous prie, quand les soldats du Roi de Prusse auraient douze pieds, ce que leur Maître peut faire à tout cela ; je ne lui connais que deux tours à me jouer, celui de me faire jeter un sort pour que je sois impuissant (si je m'en doute j'irai à la messe de paroisse ou, au prosne, l'on exorcise les maléfices), ou bien de me faire ordonner par un article de la paix de lire une deuxième fois les œuvres du Philosophe de Sans-Souci, sans goût, sans vers, etc., hors ceux qui sont pillés. Je vous avoue que véritablement ce serait un tour, car je n'ai jamais rien lû de si ennuyeux.

« Au reste, votre réponse à la lettre de Luc (1) est charmante, excepté ce que vous dites de moi, qui n'est pas juste et que je ne mérite point. Je crois qu'il n'y a pas de mal que vous continuïez

----

(1) Probablement la lettre du 15 avril de Voltaire à Frédéric. Édition Moland, n° 4094.

le commerce ; nous aurons le plaisir de voir de tems en tems comment un Roi chante dans la rue des impertinences quand il a peur ; mais prenés garde de ne rien mettre dans vos lettres qui puisse être communiqués ; car j'ai des certitudes phisiques que cet honnête homme de Luc fait une gazette des confidences les plus intimes qu'il cherche à se procurer. Il faut prendre son parti, nous n'embellirons pas ce naturel pervers ; mais, qu'il aboye, morde ou lèche, il faut suivre son système, faire le bien et même le sien dès que l'occasion s'en présentera, sans humeur de notre part mais avec honneur.

« Madame de Pompadour vous aime de tout son cœur, elle le dit sans cesse ; je suis cause qu'elle ne vous a pas répondu parce que j'ai oublié de lui rendre la lettre que vous lui avés écrite (1), à laquelle je m'étais chargé de vous répondre que l'on ne pouvait pas faire ce que vous désiriés pour M. de Langallerie, par cent mille raisons. On n'a pas encore épuisé la classe des fils

(1) Cette lettre est inconnue.

de blessés à l'École militaire, MM. de Langallerie
ne pourront y entrer de vingt ans d'ici; le père
et la mère ne peuvent pas être reçus en France
comme regnicoles, dont je suis bien fâché. L'on
m'a montré une *Médine* dont je suis enchanté;
j'aime mieux cette femme que toutes celles que
j'ai aimé; la chère épouse du héros n'est pas
mal, mais le mari, Dieu me pardonne, il est un
peu trop blafard. En tout, les deux premiers
actes et le cinquième m'enchantent; les deux
autres seront bien au milieu. J'ai vû aussi deux
chants de *la Pucelle;* je les ai trouvé si jolis que
je les viens de prêter à ma femme. Allons, je
perds mon tems à bavarder avec vous; l'écriture
et la mauvaise diction de cette lettre vous met-
tront à la torture. Mon amitié tendre et véritable pour vous obtiendra mon pardon. »

La tragédie dont parle Choiseul s'était appelée
Zulime, lors de son apparition en 1739; puis,
après les premières représentations, en juin 1740,
comme elle n'avait pas eu tout le succès qu'en
attendait l'auteur, celui-ci l'avait reprise à diffé-

rents intervalles sans en être satisfait. Finalement jouée en 1750 à Sceaux sous son premier titre, puis sous le titre *Fanime* pour des représentations données à Lausanne en 1757 et aux Délices en 1760, il la remaniait encore. Il avait alors soumis à la critique de son ange gardien d'Argental (1) une dernière mise au point, avec le titre définitif *Médine*. Presque en même temps, il avait adressé au même d'Argental (2) deux chants de *la Pucelle* dont il préparait une édition avouable, lassé par la multiplicité croissante des éditions apocryphes (le nombre de celles-ci est tel qu'il est difficile de les citer toutes); il avait réclamé le plus grand secret pour ses chants de *la Pucelle;* mais ce grand secret s'étendait à quelque privilégiés dont était Choiseul.

C'est sur une confiance réciproque que s'était établie l'amitié de Choiseul et de d'Argental; et, bien que ce dernier eût l'esprit moins occupé des choses de la guerre que d'un théâtre qu'il avait fait dresser sur le modèle de celui de Vol-

(1) Le 17 mars 1760. Édition Moland, n° 4073.
(2) Le 12 avril. Édition Moland, n° 4090.

taire, Choiseul le tenait au courant de ses menées politiques (1) et de ses soucis ministériels.
La situation devenait de plus en plus difficile
et, devant les embarras croissants, Choiseul,
ennemi de tous les soucis, pouvait être sincère
en affirmant qu'il ne tenait que médiocrement à
sa place de Ministre.

A Choisy, ce 8 mai 1760.

« Connaissés-vous, mon cher Solitaire, le chevalier de Courton ; c'est l'homme le plus violent,
et malheureusement pour son âme le moins
croyant aux miracles que je connaisse ; il a un
rhumatisme goutteux sur tout le corps qui le fait
souffrir et jurer outre mesure ; il se fait choier,
retourner et servir par une espèce de gouvernante fort dévôte et dont les oreilles souffrent
autant que le corps du chevalier ; cette femme a
imaginé à part elle de faire une neuvaine à
Sainte Geneviève pour son malade et de frotter
une de ses chemises sur la châsse de la Sainte ;

(1) Lettre de Voltaire à d'Argental du 30 novembre 1759.
Édition Moland, n° 3988.

la neuvaine faite, la chemise frottée, elle l'a endossée sur le corps du chevalier qui ne se doutait pas de la sainteté de sa chemise, mais qui par hazard a été soulagé ce jour-là de ses maux et a marché; alors la gouvernante, le voyant infiniment mieux, s'est jettée à ses genoux devant lui et a criée au miracle; Courton a cru qu'elle devenait folle; à l'instant elle lui a conté ce qu'elle avait faite; le chevalier en a ri et juré; il en a été puni; l'effet du miracle s'est dissipé par les plaisanteries du malade, et la goutte est revenue plus forte que jamais; ce qui prouve qu'il ne faut pas se mocquer de sa gouvernante quand elle fait pour notre bien de bonnes œuvres.

« Cette apologue, très bonne à mettre en vers, me conduit à vous dire que Luc est bien mal informé quand il a pensé que j'étais dans le cas d'être chassé de ma place; depuis que j'y suis, je vous assure que j'apperçois les nuances de sang froid et que je n'en ai pas vû une qui me fut défavorable; mais, si Luc veut me procurer ma liberté à cet égard sans me faire manquer à

mes devoirs et à mon sentiment pour mon
Maître, vous pouvés l'assurer que je ferai tous
les samedis une messe à Sainte Geneviève pour
le repos de son âme et de son corps, pendant sa
vie, et que je lui promets qu'instruit par l'exemple
de Courton, quand je serai dehors d'ici, je ne me
mocquerai, ne me plaindrai, ni ne serai fâché
un instant de l'objet de ma dévotion à la Patronne
de Paris. Je m'en rapporte à ma dernière lettre,
je ne voudrais pas être Roi de Prusse, jugés si je
me souci d'être secrétaire d'État; non ma foi, je
ne voudrai pas régner à Berlin et quitter les
avantages que je trouve ici dans la vie privée.
Au reste, écrivés je vous prie à Luc que j'ai apris
qu'il pensait ou voulait faire croire que j'étais
capable de tromper; il me connaît bien mal; par
amour-propre je tâche de me préserver des pa-
neaux que l'on voudrait tendre à la France; mais,
par le même amour-propre, je crois fermement
que le Roi est trop grand pour se servir des
petits moyens, ainsi que moi pour les lui conseiller. Je vous en confierai une preuve qui ne
vous paraîtra pas équivoque. Il y a quelque

temps que, par les intrigues des ennemis, ou d'après leur caractère assés soupçonneux, les ambassadeurs de Vienne et de Russie, qui sont ici me marquèrent des soupçons ; d'abord j'y fis fort peu d'attention ; ils revinrent à la charge, et alors séparément et ensemble je leur déclarai que leurs inquiétudes étaient déplacées, parce que je pouvais leur dire de la part du Roi, et eux pouvaient le mander à leurs cours, que S. M., lorsqu'elle voudrait faire la paix, ne la leur cacherait pas, parce qu'elle savait prendre un parti pour le bien de ses affaires hautement, mais qu'il était au-dessous d'elle de tromper ; en conséquence le Roi a communiqué à ses alliés qu'il avait une espèce de négociation de commencée entre l'Angleterre et la France, qui pouvait et devait entrainer le rétablissement de la Paix générale ; cette négociation est rompue, mais la démarche de la part du Roi n'en est pas moins certaine ; or vous conviendrés que ce n'est point user de petites finesses que de se conduire aussi nettement.

« Tant que je serai ici je ne donnerai pas

d'autres conseils. La guerre sera heureuse ou malheureuse, elle durera jusqu'à extinction de chaleur naturelle ou finira bientôt, mais le Roi ne trompera point et fera ouvertement et sans crainte quelconque toutes les démarches qui lui surviendront ; nous n'aurons pas à nous reprocher de tromper même le Roi de Prusse ; voilà ce que vous pouvés mander à Luc qui vous écrit non pas en Ministre ou homme de vos amis qui n'a jamais rougi que lorsqu'il a rotté ; actuellement, je commence à m'y accoutumer ; dans les commencements cela me faisait de la peine. Adieu, mon cher Solitaire, j'écris à M. de Monpeyroux sur votre affaire et je le charge de vous faire rendre justice, sans quoi je ferai aussi des procès à ceux qui ne vous la rendent pas. Je vous embrasse de tout mon cœur.

« Je n'ai point vu la pièce contre les Philosophes, je l'ai lüe ; le tond peut être mauvais, la diction en est bonne, les vers bien faits et la morale approuvable. »

L'affaire à laquelle Choiseul fait allusion dans

les dernières lignes de cette lettre était une affaire de justice seigneuriale. En qualité de seigneur de la terre de Tournay, Voltaire venait d'être condamné à payer les frais d'un procès engagé contre un nommé Panchaud, suisse d'origine, qui, ayant surpris un Savoyard au moment où celui-ci lui volait des pommes, l'avait gratifié d'un coup de sabre en guise de correction. Habitant à Perrière, près de Prégny, terre qui relevait de Tournay, ce Panchaud avait été jugé par le bailliage de Gex ; Voltaire n'entendait nullement payer ; il protesta, donnant pour raison que Perrière avait été cédée au Roi par la République de Genève en 1749. Il écrivit d'abord à Joly de Fleury, intendant de Bourgogne (1), pour établir les termes de sa réclamation, puis successivement à tous ceux de ses correspondants qui pouvaient aider à la conclusion favorable de son affaire, et, grâce à l'intervention de Choiseul, il eut gain de cause, un peu plus tard, au mois d'août.

____

(1) Lettre du 2 mai 1760. Édition Moland, n° 4113.

Quant à la comédie des *Philosophes* dontparle
également Choiseul, ainsi qu'il en parlera dans
la lettre suivante, elle venait d'être jouée (1) après
avoir reçu l'approbation de Crébillon, alors censeur. Se conformantà l'ordreexprès de Choiseul,
le censeur avait apposé son visa sans exiger
aucune coupure. On sait que cette comédie,
mordante attaque de Palissot contre Helvétius,
Diderot, Rousseau, Duclos, Mme Geoffrin et
Mlle Clairon, avait été composée sous l'inspiration de la princesse de Robecq dont elle servait
les antipathies. Deux grands apôtres de la philosophie, Voltaire et d'Alembert, se trouvaient
épargnés. Cependant Voltaire se plaignit de
voir couvrir de ridicule les partisans de ses
doctrines et, dans ses réponses, tout en se défendant d'une approbation officielle, Choiseul
trouve politique de n'insister que fort peu sur
une question qui lui semblait propre à créer
une possibilité de mésentente entre Voltaire
et lui. Tout au contraire il s'étend avec com-

(1) Le 2 mai.

plaisance sur une nouvelle faveur qu'il accorde :

« Ce 12 mai [1760].

« Je permetterais si cela était à mon pouvoir, à toute l'Angleterre de venir en France pour vous garantir d'un rhume; jugés avec quel empressement j'expédie le passeport de votre pauvre Irlandais puisque votre médecin le désire et que son attention pour vous y est intéressée. C'est pour vous seul au moins que je me dépêche d'envoyer le passeport, car je ne fais pas grand cas de votre docteur Tronchin, à toutes les sottises que j'entends dire qu'il a faites et dont il a été cause à Paris.

« Il y a une pièce intitulée *l'Ecossaise* que l'on dit de vous et qui coure le monde; on assure qu'elle est intéressante, je trouve moi que vous êtes trop grand pour dire des injures personnelles à Fréron; j'aime un peu ce Fréron, j'ai été au collège avec lui et, quoique je n'approuve pas ces satyres, je suis fâché que vous ne les méprisiés pas.

« A la façon dont D'argental parle d'une

comédie des *Philosophes*, je doute que vous l'approuviés. Quoiqu'on en dise, je ne protège ni l'auteur ni la pièce, à moins que ce ne soit protéger que d'avoir lu la pièce qui m'a paru écrite à . merveille et, comme je suis bête, je n'y ai reconnu personne. Adieu, mon cher Solitaire, je n'ai pas le tems de vous en dire davantage. »

Le jugement de Choiseul sur le médecin Tronchin pouvait avoir quelque fond de vérité ; mais il devait choquer le vieil ermite, éternel malade qui, pour la défense de son Esculape, en appelle à d'Argental (1) : « ... Je vous jure, quoi qu'en dise M. le duc de Choiseul, que c'est un homme admirable pour les maladies chroniques. » Cependant il ne suffisait pas à Voltaire de plaider la cause de ses amis contre l'opinion dédaigneuse des grands ; il lui fallait encore accabler de traits et s'efforcer d'abattre ses détracteurs littéraires. La lutte à coups de plume contre les ennemis de ses doctrines et de lui-même fut particulière-

(1) Dans une lettre du 13 juin 1760. Édition Moland, n° 4151.

ment vive en cette année 1760 et, pour riposter aux diatribes d'un des plus violents de ses ennemis, Jean Fréron, il venait de composer *l'Écossaise* dont il ne s'avouait pas l'auteur et qu'il avait publiée sous la signature d'un soi-disant M. Hume. Bien que la pièce ne dût être jouée pour la première fois que le 6 juillet, des exemplaires avaient circulé vers le milieu du mois de mai. Fréron y figurait le personnage d'un publiciste espion et fripon surnommé Frélon. Voltaire ne voulait rien perdre de ses inimitiés et, quand Choiseul s'efforce de lui persuader que la ruine de si petits ennemis, incapables de nuire à la grandeur de son génie, n'intéresse pas sa gloire, il fait répondre par l'intermédiaire de d'Argental : « Mais pourquoi protéger Palissot? Hélas ! M. de Choiseul protège aussi ce Fréron. Il a bien mal fait de s'adresser à lui pour répondre aux invectives horribles de *Luc* contre le Roi (1); il

(1) On se rappelle que ce n'était pas Fréron mais Palissot, qui avait composé, sous l'inspiration du duc de Choiseul, la réponse à l'Ode de Frédéric contre la France, pièce de vers qui fut le point de départ de toute cette correspondance.

ne connait pas Fréron ; c'est un monstre, mais un monstre dont je ne fais que rire (1)... »

Ce monstre tant dédaigné fut cependant pour lui la cause de bien des peines ; sans trêve il l'attaquera avec les deux armes, toujours terribles entre ses mains, la raillerie et le ridicule ; et, dans *l'Écossaise,* dans *le Pauvre diable,* dans *la Pucelle,* il essaiera de l'étouffer sous les plus sanglantes épigrammes. Il y réussira d'ailleurs. Jean Fréron vit son *Année littéraire,* supprimée par ce même gouvernement pour lequel il avait fait toutes ses bassesses.

C'est qu'il n'était pas facile d'échapper aux rancunes tenaces du philosophe Voltaire. Travailleur infatigable, possédant une activité presque fébrile qu'il augmentait chaque jour par l'excitation factice du café, il pouvait répondre simultanément aux exigences de ses travaux multiples et de sa volumineuse correspondance, sans négliger les luttes engagées pour la défense de ses idées. En même temps il suivait régulière-

(1) Lettre du 26 mai 1760. Édition Moland, n° 4132.

ment les intérêts de la politique française et, conformément aux encouragements qu'il avait reçus, continuait « le commerce ». C'est ainsi qu'il venait d'envoyer à Choiseul une épître secrète du roi de Prusse. Impatient de retrouver l'existence agitée qu'il aimait, Frédéric s'apprêtait à mener énergiquement la campagne de 1760 et, le 1ᵉʳ mai, il avait écrit à Voltaire : « ... Ces filous, qui me font la guerre, m'ont donné des exemples que j'imiterai au pied de la lettre. Il n'y aura point de congrès à Bréda, et je ne poserai les armes qu'après avoir fait encore trois campagnes. Ces polissons verront qu'ils ont abusé de mes bonnes dispositions, et nous ne signerons la paix que le roi d'Angleterre à Paris et moi à Vienne..... Mandez cette nouvelle à votre petit duc, il en pourra faire une gentille épigramme. On m'a mis en colère ; j'ai rassemblé toutes mes forces, et tous ces drôles, qui faisaient les impertinents, apprendront à qui ils se sont joués..... Pour votre duc il ne sera pas longtemps ministre ; songez qu'il a duré deux printemps. Cela est exorbitant en France, et presque sans exemple... »

C'était pousser jusqu'au défi la raillerie inso-
lente. Choiseul, après avoir pris l'avis du Roi,
rédigea une réponse ostensible et particulièrement violente :

« A Versailles, ce 25 mai [1760].

« Je ne perds pas de tems à répondre, mon
cher Solitaire, à votre lettre du 20 de ce mois
que je viens de recevoir (1). Je vous prie de
mander à votre Luc, et réellement vous me ferés
plaisir de le lui écrire, que nous méprisons autant
les injures grossières que les prouesses et les
projets ; que, quand nous désirons la Paix, ce
n'est pas en vüe de nous raccommoder avec Luc
qui fera toujours horreur et qui n'inspirera
jamais ni par ses talens les plus médiocres du
monde, ni par son courage de cœur et de tête
que nous savons nul, ni par la puissance subal-
terne ; mais, comme le Roi, qu'il devrait respecter et qu'il est fait pour respecter de toutes
façons, connait qu'il faut laisser exister pour le

(1) Cette lettre n'est pas connue.

plus grand bien de l'ordre général ce qui desho-
nore la nature, afin de procurer la paix à l'Europe et la préserver des malheurs dont elle gémit,
il s'est déterminé et se déterminera toujours
volontiers, sans songer aux injures des polissons
de la rüe, à rendre un calme heureux à l'Univers.
Il me parait par la lettre de Luc qu'il y a des gas-
cons sur le petit trône de Berlin, comme sur les
bords de la Garonne; vous deveriés être choqué
de la bétise arrogante de Luc quand il vous mande
cette signature de paix à Vienne et à Paris (1) ;
dites lui de ma part que, si cet événement arrive,
ce sera apparemment lorsqu'après une aventure
aussi bien imaginée que celle de Maxen (2), il
aura été mis aux fers par quelque détachement
de l'armée de Daun et que l'on le conduira à
Vienne pour y signer la paix. Voilà un plaisant
militaire pour oser se rire de pareilles impertinences, tandis que sa famille n'est pas en sûreté

(1) Allusion à la lettre de Frédéric du 1er mai.

(2) En novembre 1759, le maréchal Daun avait gagné sur le
général Fink, détaché par Frédéric dans les montagnes de
Maxen, une bataille à la suite de laquelle il fit mettre bas les
armes à dix-huit mille Prussiens.

dans les casernes de Berlin et qu'il est obligé de faire voyager sa triste femme et les fils de ses frères d'une ville dans une autre, de peur qu'ils ne soient pris par des hussards. Il me reste à vous parler de ma stabilité dans le Ministère et de mon amour pour les Autrichiens. Je suis juste et point amoureux, hélas! Voyés l'injustice; on croit à Vienne, et M. de Kaunitz (1) en jurerait, que j'aime le roi de Prusse; c'est qu'en politique quand on occupe une place, on ne doit ni aimer ni haïr ces gens-là; et en vérité, si je me laissais aller aux sentimens du cœur dans le cours des affaires, il serait assés simple que je donne la préférence à l'Impératrice sur Luc. Quant à la stabilité de mon Ministère, vous savés ce que je pense sur cet objet et combien j'y suis peu attaché; je vois ma situation avec le plus grand sang-froid, mais je vous assure qu'elle est aussi ferme que situation en ce genre puisse être et que l'envie que Luc a de mon déplacement serait capable de m'attacher à une place que, par mon

(1) Homme d'État autrichien qui fut l'instigateur de l'alliance franco-autrichienne pour la guerre de sept ans.

goût, je ne serais pas faché de quitter. Au reste, quelque chose qui m'arrive, à moins que Luc ne me fasse empoisonner et n'envoye ici quelques petits émissaires pour cet objet, comme il en a adressé un au Bailli de Froulay (1) il y a deux mois pour me tromper, soyés certain qu'avant la paix je ne sortirai pas de place ; et, si lui et ses alliés veulent absolument continuer la guerre, nous nous donnerons le tems de voir sous mon Ministère déployer ses ressorts de guerre et de politique dont il nous menace ; je vous déclare que je n'en ai pas de peur du tout et que, si j'étais le maître de nos alliés, avant qu'il fût peu, M. Luc serait réduit à aller être général des troupes de la République de Venise.

« Tout ce que je vous mande vous paraîtra fort ; comme j'ai montré au Roi ce que vous m'avés envoyé de Luc, Sa Majesté ne sera pas

(1) Louis-Gabriel Bailli de Froulai de Tessé, ambassadeur de France auprès de Frédéric II, de 1749 à 1753, fut chargé en 1757 de former une négociation entre la France et la Prusse. Plus tard il fut ambassadeur de Malte en France. Il était né la même année que Voltaire, en 1694, mais mourut douze ans avant le philosophe.

fâchée que vous lui adressiés ma réponse. Quest-ce qu'il pourra vous en arriver? Ne craignés pas que nous ne soyons pas assez forts pour vous préserver des fureurs de ce grand Prince, et je voudrais pour votre bien et votre tranquillité qu'il se fachât sérieusement contre vous. Ainsi ayés du courage et envoyés lui copie de mon épitre; qu'il connaisse le peu de cas que nous faisons de lui au phisique et au moral, et notre mépris pour ses plates injures.

« Ne vendés pas ce que vous avés dans les fonds publics; je me charge du soin de vos affaires; si il y avait quelque chose à craindre je vous avertirais à tems; les effets sur le Roi valent infiniment mieux que les terres; j'ai vendu une partie des miennes pour en acquérir, je m'en trouve bien. Au contraire, si vous pouvés être averti quelques mois avant la paix, troqués vos vaches contre du papier et vous ferés un marché excellent.

« Les Anglais ne garderont pas le Canada; je vous demande en grâce de ne pas juger la pièce avant d'avoir vu le dénouement; peut-être ne sommes nous qu'au 3ᵉ acte. La catastrophe a été fàcheuse ; mais je vous prépare un 5ᵉ acte où la vertu sera récompensée ; si elle ne l'est pas, j'aurai tort et je permets que le public impatient me sifle ; si elle l'est, son impatience doit me faire un mérite, car elle ne change rien sur mes déterminations. Je ne vous parle plus de **Fréron**, j'attends *Médine* avec impatience ; je vous aime, mon cher Solitaire, de tout mon cœur.

« Madame de Pompadour me charge de vous dire mille choses de sa part. »

Voltaire ne partageait nullement l'opinion favorable du duc de Choiseul relativement aux bons du trésor français. Soucieux de son bien, ayant pour devise budgétaire que la Fortune est une marâtre, mais une marâtre qu'il faut savoir gouverner et asservir, jaloux de cette aisance qui lui permettait seule de conserver l'indépendance sans laquelle il n'eût pu vivre, il surveillait avec soin les placements sûrs et ne se laissait pas entraîner aux spéculations d'un rendement incertain. Il suivait en cela les principes de bonne entente des affaires qu'il avait acquis autrefois dans le cabinet d'un procureur, chez lequel il était entré sur l'ordre exprès de son père exaspéré par ses fredaines de jeune homme. Les placements sûrs consistaient pour lui en terres et maisons ; il s'en était expliqué souvent, notamment dans une lettre datée de l'année précédente (1) et dans laquelle on relève cette phrase bien digne du plus pratique des grands déistes « ... J'ai pris le parti de mettre une partie de ma fortune en terres ; le roi de Prusse ne les saccagera pas, et elles porteront toujours quelques grains. Les biens en papier dépendent de la fortune, ceux de la terre ne dépendent que de Dieu. »

De fait les fonds français devenaient de jour en jour d'un rendement plus aléatoire. Aux exigences de la campagne nouvelle, venait s'ajouter la perte presque totale du Canada. Cette colonie avait été envahie par les Anglais en 1759. Malgré l'appel des colons qui suppliaient désespérément la métropole de leur envoyer des secours, le Mi-

____

(1) Lettre à M. de Cideville, du 29 juin 1759, Édition Moland. N° 3881.

nistère n'avait répondu que par des encouragements moraux qui masquaient une intention bien arrêtée d'inaction complète. Désespérés, mais non encore abattus, les héroïques défenseurs du Canada continuèrent la lutte ; la prise de Québec en septembre et la mort de leur chef Montcalm ne leur enlevèrent rien de leur énergie ; ils espéraient encore l'envoi d'un renfort qui leur eût permis de prendre l'offensive et de rejeter les Anglais à la mer. Réduits à leurs seules forces, ils vinrent, au nombre de sept mille, attaquer Québec au mois d'avril 1760. Repoussés, mais toujours confiants dans les secours attendus de France, ils entreprirent un siège. A la date où Choiseul, annonçant à Voltaire un cinquième acte, comptait pour le dénouement sur le courage de ces quelques milliers d'hommes qui se défendaient si bien et qu'il aidait si peu, les Canadiens était encore aux prises avec les Anglais ; mais, ceux-ci se trouvant maîtres presque absolus des mers, un faible convoi n'aurait pas réussi à s'ouvrir une route ; on ne pouvait en envoyer un grand ; les Canadiens durent capituler.

C'était la preuve de notre épuisement. En fait, les bassins de nos ports étaient vides, nos arsenaux sans ouvriers. Il n'eût pas convenu qu'un Anglais pût être témoin de cet état d'anéantissement et, Voltaire ayant demandé un passeport pour Crawford, l'ami et le correspondant de Madame du Deffant, Choiseul répondit par ce billet :

« A Marly ce 28 mai 1760.

« Je vous envoye, mon cher Solitaire, le passeport pour M. Crawfort ; je l'avais déjà promis au jeune Fox à son passage ici. Je vous prie de dire à ce M. Crawfort qu'il faut qu'il aille s'embarquer en Hollande en traversant la France, et sans s'arréter à Paris ; les circonstances ne permettent pas qu'il passe par nos places maritimes. J'ai du plaisir à écrire à mon cher Solitaire et à lui renouveller tous les sentiments que je lui ai voué. Je fais des pâtés et vous faites les plus jolies choses du monde, voilà notre destinée. »

Lorsqu'il adressait ces compliments à Voltaire, Choiseul n'avait pas encore connaissance des

plaintes que son cher Solitaire lui avait adressées
par l'intermédiaire de d'Argental au sujet de la
protection qu'il avait accordée à Palissot et à
Fréron (1). Ces plaintes arrivaient mal. En soute-
nant Palissot et la comédie des *Philosophes*,
Choiseul avait cédé au désir de complaire à la
princesse de Robecq, véritable inspiratrice de la
pièce et contre laquelle furent dirigées des représailles. Sous ce titre : *Préface de la comédie des
Philosophes ou la vision de Charles Palissot*, l'abbé
Morellet avait fait paraître une riposte dans laquelle la Princesse, malade et qui avait dû se faire
porter à la première représentation, était repré-
sentée comme une femme mourante. Par là la
Princesse se trouvait avertie que son état était
jugé désespéré, ce qui parut un manque de tact
de la part de l'auteur et de la part des Philosophes une façon maladroite de se défendre. Voltaire l'avait ainsi compris, comme en témoigne
ce passage d'une de ses lettres à d'Alembert (2) :
« ... *La Vision* est bien ; mais c'est un grand

(1) Voir plus haut, page 84.
(2) Du 10 juin 1760. Édition Moland. N° 4147.

malheur et une grande imprudence d'avoir mêlé dans cette plaisanterie Mme la princesse de Robecq. J'en suis désespéré ; ce trait a révolté. Il n'est pas permis d'insulter à une mourante et M. le duc de Choiseul doit être irrité. »

Les sentiments du duc de Choiseul étaient en effet tels que cette dernière ligne les fait pressentir. Il cède aux prudents conseils de Voltaire qui le dissuade de répondre injures pour injures au roi de Prusse ; mais, s'il se résigne sur ce point et si de plus il abandonne Fréron et Palissot, il laisse en même temps paraître son humeur contre les Philosophes :

« A Versailles, ce 16 juin [1760].

« Vous êtes plus sage que moi et vous avés raison ; car. si c'est bien fait de n'être pas sage, il ne sied pas mal quelquefois de l'être. Tout bien considéré, il vaut mieux ne pas répondre aux injures ; je crois que c'est la guerre des Gens de lettres et des Philosophes qui avait échauffé ma tête sur les grossièretés de Luc. Restons en là et contentons nous, chacun pour notre rade, de ne le point craindre quand il pourfendrait tous les Autrichiens, et de le mépriser quand il se battra sans esprit et sans talens avec des injures.

« J'ai vû un poëme de vous qui s'appelle le *Pauvre diable* (1), que ni vous ni Dargental ne m'avés envoyé ; vous en êtes sûrement l'auteur, comme vous l'êtes de l'*Ecossaise*. Quoique vous disiés que je protège Fréron, (qui m'intéresse autant que Palissot qui ne m'intéresse point du tout), avec lequel j'ai été au collège sans nulle privauté (il était cependant jésuite et moi écolier sans avoir eu la petite vérolle), je vous assure que ce que vous dittes de lui me fait rire quand il est plaisant et m'est indifférent quand il ne me fait pas rire ; j'avais conseillé à Fréron de ne point parler de vous dans ses feuilles ; je lui avais même insinué qu'il ne convenait guères à un insecte d'attaquer un lézard ; il m'avait promis de se taire ; il a tenu parolle plusieurs années ; il a

(1) Paru en 1760, sous ce titre : *Le Pauvre diable. Ouvrage en vers aisés de feu M. Vadé, mis en lumière par Catherine Vadé sa cousine.*

depuis critiqué mal à propos *La femme qui a raison* (1); cette critique vous a fâché ; vous le maltraités ; à la bonne heure, je vous le livre ; j'en fais de même de Palissot qui, quoi qu'on en dise, fait fort bien des vers, et sa pièce des *Philosophes*, que j'ai hautement désaprouvé et qui est certainement une mauvaise comédie, a des scènes très dialoguées et très bien écrites. Je ne me pique pas d'être un juge compétent, mais par exception je soutiendrai même à Diderot qui écrit aussi mal en prose que Palissot écrit fort bien des vers et a de la facilité et du talent. Après cela l'on dira que sa morale est indigne, qu'il est fripon, etc. Je l'abandonne à la malédiction de la Philosophie et des Philosophes et même aux coups de bâtons qu'il pourra mériter. Si une pauvre femme qui se meurt et à qui un Philosophe l'a apris galament dans une préface était morte, je ne voudrais entendre parler de ma vie de Palissot, ni de tout ce train d'auteur qui ne m'est bon que pour faire diversion dans la

(1) *La femme qui a raison*. Comédie en 3 actes de Voltaire. Composée en 1749, et imprimée pour la première fois en 1759.

tête des badauts de Paris à la guerre véritable.
Je n'en ai jamais tant dit que je vous en écrits
sur cette matière ; c'est pour vous détromper sur
un intérêt *tendre* que vous me suposés pour
Fréron. Adieu, mon cher Solitaire ; je vous embrasse de tout mon cœur et vous prie de m'envoyer ce chant de la *Pucelle* que vous m'avés
promis. »

Cette animosité du duc de Choiseul contre les
Philosophes atteignait quelque peu Voltaire qui
personnellement ne se sentait pas sans reproches
et qui craignait de subir le contre-coup du mauvais effet produit par la brochure de l'abbé
Mord-les, ainsi qu'il se plaisait à surnommer le
vigilant, tenace et despotique abbé **Morellet**.
Sur ce sujet il écrit à d'Alembert (1) : « Je voudrais avoir perdu toutes mes vaches, et qu'ou
n'eût pas mêlé Mme de Robecq dans *la Vision*,
parce que c'est un coup terrible à la bonne cause,
parce que tous les amis de cette dame lui cachaient

(1) Le 23 juin 1760, Édition Moland. N° 4165.

son état, parce que le prophète lui a appris ce qu'elle ignorait et lui a dit : *Morte morieris ;* parce que c'est avancer sa mort..., parce que cette cruauté de lui avoir appris qu'elle se meurt est ce qui a ulcéré M. le duc de Choiseul ; parce que je le sais, et je le sais parce qu'il me l'a écrit ; et je vous le confie et vous n'en direz rien. » Et il insiste dans une autre lettre (1) pour bien se dégager de toute apparence de connivence :

« ... M. le duc de Choiseul, qui d'ailleurs abandonne Palissot à l'indignation publique, sait très bien que je condamne plus que personne le trait indécent et odieux contre Mme la princesse de Robecq. »

Sur ces entrefaites l'abbé Morellet fut mis à la Bastille. L'opinion publique, dont il était uniquement justiciable, croyait l'avoir assez puni en se déclarant contre lui, et la lettre de cachet parut excessive. Le duc de Choiseul semble avoir été de cet avis, il oublia les Philosophes. S'il reparle incidemment de Fréron, c'est pour le désa-

(1) A M. Thiérot. Du 30 juin 1760. Édition Moland. N° 4169.

vouer et, vis-à-vis de Voltaire, il reprend le ton aimablement enjoué :

> « A Versailles, ce 5 juillet 1760.

« Je n'ai que le tems, mon cher Solitaire, de vous adresser le passeport que vous avés désiré pour vos deux grosses joues anglaises ; ce n'est pas la politique qui accorde cette permission; M^{rs} les Anglais ne se prennent pas par les attentions; c'est le motif du plaisir du jeune Fox (1) qui me détermine, et de le lui procurer par vos mains. Vous étes le roi du plaisir ; tout ce que vous écrivés m'en fait tant que je ne puis pas refuser que vous en fassiés aux autres; le *Pauvre diable* est charmant. D'Argental vous répondra sur les surplus de vos lettres ; il ne m'aime pas d'Argental et il a tort, car il faut aimer ses amis, quand même ils ne penseraient pas toujours comme nous, et surtout il ne faut pas les désaprouver. Mon Fréron n'a jamais fait un vers pour moi. Adieu, mon cher Solitaire ; si le corps de

____

(1) Le fils du premier ministre et le frère du célèbre orateur mort en 1806. Il fit séjour chez Voltaire en 1760.

Fouquet était destiné à signer la paix à Vienne, il y aura du mécompte dans cette gasconnade. »

L'affaire des Philosophes avait pendant quelque temps détourné Choiseul et Voltaire de leur intrigue politique, que l'attitude présente de Frédéric n'était d'ailleurs pas faite pour encourager. Frédéric avait assez mal reçu les dernières avances de Voltaire, ainsi qu'en témoigne cette lettre datée de Radebourg (1) : « Vous me parlez toujours de la paix ; lui dit-il, j'ai fait tout ce que j'ai pu pour la ménager entre la France et l'Angleterre, à mon inclusion. Les Français ont voulu me jouer, et je les plante là ; cela est tout simple. Je ne ferai point de paix sans les Anglais, et ceux-là n'en feront point sans moi. Je me ferais plutôt châtrer que de prononcer encore la syllabe de *paix* à vos Français. Qu'est-ce que signifie cet air pacifique que votre duc affecte vis-à-vis de moi ? Vous ajoutez qu'il ne peut pas agir

(1) 21 juin 1760.

selon sa façon de penser. Que m'importe cette façon de penser, s'il n'a point le libre arbitre de se conduire en conséquence? J'abandonne le *tripot* de Versailles au patelinage de ceux qui s'amusent aux intrigues. Je n'ai point de temps à perdre à ces futilités; et, dussé-je périr, je m'adresserais plutôt au Grand Mogol qu'à Louis *le Bien Aimé*, pour sortir du labyrinthe où je me trouve. »

La façon de penser du duc de Choiseul, son idée maîtresse depuis son entrée au Ministère tenait en ces deux lignes : combattre l'Angleterre et la vaincre; garder l'indépendance de la Prusse et se garantir ainsi des visées ambitieuses des Cours autrichienne et russe. L'orgueil de la Pompadour, le désir de plaire à cette véritable Reine, avaient engagé le Ministre dans un courant contraire à ces idées et funeste à la France; tout en s'y enfonçant chaque jour davantage, il n'en voyait pas moins le péril et ne songeait pas sans quelques craintes aux conséquences prochaines d'une paix inévitable.

Pourtant la situation semblait s'améliorer pour

la France. Au commencement de cette campagne de 1760, Frédéric se trouvait réduit à cent
mille soldats, alors que les Cours alliées, qui
s'étaient résolues à un grand effort, comptaient
deux cent mille Autrichiens, Russes et Impé-
riaux et cent vingt mille Français. Six corps
d'armée se trouvaient en présence. Un des corps
prussiens, celui du général Fouquet, fut défait à
Landshut par le général autrichien Laudhon dès
l'ouverture des hostilités, et ce fut le commencement d'une suite de monotones carnages, semblables à ceux des campagnes précédentes. Le
dévouement du chevalier d'Assas à la bataille de
Clostercamp avait un peu relevé le prestige
français, si bien qu'à la prise des quartiers
d'hiver Frédéric n'avait rien gagné, si ce n'est
d'avoir eu sa capitale saccagée par les Cosaques.

Au cours de ces alternatives, Voltaire avait
changé de langage. Il comprenait que la paix ne
pouvait plus sortir que d'un succès décisif qui
l'imposerait à la fureur de guerre à outrance dont
était animé Frédéric, et, dans ce sens, il écrit

coup sur coup à d'Argental : « Je vous en prie, dites à M. le duc de Choiseul qu'il ne doit faire la paix qu'après une campagne triomphante(1) »... « Je vous conjure de vous servir de toute votre éloquence pour lui dire que, s'il arrive malheur à *Luc*, il n'en résultera pas malheur à la France... *Nota bene* que si *Luc* était déconfit cette année, nous aurions la paix l'hiver prochain (2). »

Mais il était écrit que Luc ne serait pas déconfit. S'il ne devait rien gagner, du moins il devait maintenir la suprématie de ses armes et, grâce à la tactique dont il était l'inventeur, grâce à la solidité de ses troupes, il lui était réservé de résister aux forces supérieures qui eussent dû l'écraser. De plus il était un partenaire trop précieux pour que l'Angleterre fît la faute de lui refuser les subsides dont il avait besoin et, loin que la campagne de 1760 fût appelée à tout terminer, dès avant la fin des hostilités on allait

(1) Dans une lettre du 19 juin 1760. Édition Moland. N° 4155.

(2) Dans une lettre du 6 juillet. Édition Moland. N° 4175.

reparler d'une nouvelle campagne. En présence de ces résultats incertains et devant l'avenir plus incertain encore, Choiseul laisse voir le doute et le souci que lui cause la fausse politique dans laquelle ses complaisances de courtisan l'ont entraîné :

« A Versailles, ce 13 juillet [1760].

« Si Luc était un autre homme et qu'avec ses talents il eût quelques vertus, par exemple les plus communes, je crois que la politique devrait désirer qu'il ne fût pas anéanti, non seulement pour l'équilibre d'Allemagne, mais même pour celui du Nord, et je pense que la puissance prussienne, bien conduite, était très bien imaginée pour un système pacifique, sage et juste ; je pense qu'il était plus avantageux à la France que la Prusse tînt la balance de religion que l'Angleterre dans l'Empire, depuis que la faiblesse des Suédois a contrainte la Suède à abandonner efficacement le rôle qu'elle s'était acquise en Allemagne par le traité de Westphalie (1), car l'al-

(1) Signé en 1648 entre la France, l'Allemagne et la Suède pour mettre fin à la guerre de Trente ans.

liance de la France et de la Prusse était une pièce mise selon les circonstances au traité de Westphalie qui était très bien imaginée, et je vous avoue que j'étais partisan du système que nous suivions avant cette guerre, parce que je le trouvais conséquent, au lieu qu'actuellement l'on ne peut pas dire que nous ayons une base solide, et qu'il sera nécessaire de créer après cette guerre un nouveau système, position toujours délicate pour les grands États. Il est peu important pour un royaume et son histoire que Pierre ou Paul soient ministres et Jeanne ou Marguerite maîtresse ; mais, quand on n'est pas un fol ou le plus étourdi des hommes, on doit trembler de contribuer à déranger ce que les cardinaux de Richelieu et de Mazarin, avec M. Davaux (1), ont édifié, ce qui a été soutenu pendant soixante ans par Louis XIV et qui a contribué aux succès de son règne et au lustre de sa nation. Il faut être présomptueux à l'excès pour imaginer que l'on

(1) Ministre plénipotentiaire à La Haye, désigné pour préparer le traité de Westphalie, qu'il ne signa pas, ayant été révoqué à la suite des intrigues de son collègue Servien.

substituera au système de ces grands hommes un système équivalent. Voilà cependant la position où nous sommes : cinquante lieues du Canada, la Silésie et la Prusse de plus ou de moins ne sont pas ce qui m'inquiètent ; douleur aux vaincus ; mais la création d'un système nouveau m'effraye et me fait penser jour et nuit. Vous trouverés à ce que j'espère, mon cher Solitaire, que je suis prudent et que j'ai raison de réfléchir beaucoup sur la situation de l'Europe après la paix, car c'est de là d'où dépend le bonheur ou l'infortune de l'univers pendant un siècle.

« Quant à Luc c'est un fol, tout est dit ; voilà en quoi consiste le malheur actuel. Si vous lui écrivés jamais de nous et lui mandés que vous m'avés fait part de sa décision de ne jamais nous parler de paix)1), répondés lui que j'ai répliqué qu'il n'était pas nécessaire qu'il jurât sur ses couilles royales, et qu'il peut être sûr qu'il n'a qu'à se taire ; nous ne lui parlerons pas les pre-

(1) Choiseul répond ici à la lettre de Frédéric du 21 juin, déjà citée.

miers; nous ne lui avons jamais parlé et sommes bien éloignés d'en avoir le moindre désir. Quant au moment présent, c'est notre gloire que les Anglais s'acharnent à soutenir Luc; plus ils se ruineront pour lui et plus j'en rirai; la paix ne se fera pas. Si Luc n'existait plus, nous serions trop heureux d'avoir la guerre tête à tête avec les Anglais; ils seraient bientôt à la raison malgré leurs 400 vaisseaux. Il est incroyable combien leur commerce a perdu cet hyver par nos armateurs; or l'Angleterre doit choisir d'être une puissance commerçante ou une puissance militaire, l'on ne peut pas être l'un et l'autre à la fois; si Luc la rend militaire, l'Europe sera heureuse car le commerce sera partagé; si elle abandonne les armes pour le commerce, elle aura de l'avantage, mais nous aurons la paix. Luc est un chien enragé, qu'il faut laisser aboyer, il n'a plus que cette consolation; il me fait pitié, le mensonge et les injures sont les seules armes qui lui resteront bientôt. Voilà bien du rabâchage sans suite, que je ne relirai point; je vous écris en courant sur les matières les plus intéressantes, mais je vous assure que je n'y pense pas en courant. Mandés moi, je vous prie, tout ce qui vous vient dans la tête en politique ; je suis trop heureux de connaître et d'être éclairé par les idées de quelqu'un comme vous dont je respecte autant les lumières. *Le Russe* m'a fait plaisir, mais je n'ose le dire ; *La Vanité* est charmante. Vous l'êtes, vous, charmant, il n'y a rien de si vrai. »

Le Russe à Paris, petit poème que Voltaire n'avait pas signé selon son habitude et *La Vanité*, pièce de vers satirique contre Lefranc de Pompignan, étaient deux ripostes à la comédie des *Philosophes*. Ces sarcasmes suffisaient à satisfaire les sentiments philosophiques de leur auteur et, lorsque d'Alembert lui écrivit (1) pour le prier d'intercéder auprès du duc de Choiseul en faveur de l'abbé Morellet toujours enfermé à la Bastille, Voltaire se défendit de demander une grâce qu'il jugeait pour le moment inopportune.

(1) Le 18 juillet 1760.

D'ailleurs il ne se retranchait pas derrière une feinte et, sa vanité aidant, il avouait complaisamment ses relations suivies avec le Ministre : « Il y a plus d'un an, dit-il, que la personne dont vous me parlez daigne m'écrire assez souvent avec beaucoup de bonté et un peu de confiance ; je crois même avoir mérité l'une et l'autre par mon attachement, par ma conduite, et par quelques petits services que le hasard, qui fait tout, m'a mis à portée de rendre. » A cette lettre écrite le 24 juillet 1760 (1), les différents éditeurs de la *Correspondance* de Voltaire ont joint une note que nous résumons : « Cette correspondance, disent-ils, qui fut assez active entre le Ministre et le Philosophe, aux dires même de celui-ci, et qui commença en 1759, ne nous a rien laissé. Jusqu'au mois de juin 1761, il n'a pu en être recueilli aucunes lettres. » Or celles que nous avons eu la bonne fortune de retrouver et qui forment le fond inédit de notre étude, prouvent au contraire que les années 1759 à 1761

(1) Édition Moland. Nº 4200.

furent, pour cette correspondance, les plus remplies. A l'époque où nous en sommes arrivés, elle avait perdu de son intéret politique ; la marche indécise des événements militaires tenait en suspens le rôle de Voltaire en tant qu'intermédiaire de paix et, dans l'attente d'une reprise un peu décisive, les deux correspondants échangeaient des compliments en traitant de sujets moins graves.

Tancrède enfin achevé allait être représenté (1). Voltaire n'avait rien négligé pour obtenir un grand succès; malgré tous les remaniements antérieurs, il changea encore près de deux cents vers après la première représentation, et Choiseul ne pouvait manquer une aussi belle occasion de lui renouveler ses sentiments qu'il réitérera d'ailleurs en plusieurs des lettres qui vont suivre.

De temps en temps aussi, quelques pamphlets nouveaux ramènent dans la correspondance un

(1) La première représentation eut lieu le 3 septembre. La pièce fut jouée treize fois, ce qui était une marque de grand succès pour l'époque.

souvenir de la querelle des Philosophes. Ainsi Voltaire venait d'écrire (1) une Réponse à une brochure de l'ex-roi de Pologne, Stanislas duc de Lorraine et de Bar. La brochure était intitulée : *L'incrédulité combattue par le simple bon sens ;* Voltaire la croyait l'œuvre du père jésuite de Menoux qui, selon lui, l'avait mise sous le nom du roi Stanislas pour en relever le crédit. En tout cas, très satisfait de sa Réponse, il l'avait envoyée à d'Argental (2) avec la recommandation d'en amuser le duc de Choiseul en qualité de Lorrain (3). « Vous êtes un drôle d'homme », lui dit à ce propos le Duc dans la lettre suivante :

« A Versailles, ce 2 août (4) 1760.

« Je suis assés heureux pour ne haïr aucune nation et fort peu d'hommes en particulier,

(1) Le 15 août.
(2) Lettre du 28 auguste 1760. Édition Moland. N° 4238.
(3) Les Choiseul étaient originaires de Lorraine.
(4) Nous avons laissé la date que porte la copie originale, quoique, par son texte, la lettre doive être attribuée au 2 septembre, veille de la première représentation de *Tancrède.*

même de ceux qui ont cherché à me faire du mal. En revanche, j'aime à la passion de rendre service ; tout cela me prouve que je n'étais pas fait pour être Ministre. Je finirai l'éloge de mon cœur en vous disant que je suis très aise de pouvoir être utile à vos malades de Genève ; au surplus, ce M. Campbell m'a écrit une lettre qui me plaît infiniment et qui m'intéresse à sa santé. Vous aurés la bonté, mon cher Solitaire, de lui remettre le paquet ci-joint où il trouvera ce qu'il désire. Je voudrais pouvoir aller passer mon hyver à Tours avec lui, car, depuis que j'ai été à Rome, les vilains climats me sont insuportables, et les climats de Cour sont de tous les climats les plus vilains.

« On joue demain *Tancrède* ; c'est un jour de bataille pour d'Argental, il m'a paru ce matin avoir plus de confiance dans les talens de son armée que le maréchal de Daun ne nous en montre ; je crois qu'il a raison et que, du moins dans cette partie, nous aurons du succès ; j'irai vous applaudir la semaine prochaine, ce qui ne me sera pas difficile, car je vous applaudis tous les jours de ma vie sans aller à la comédie.

« Je n'entends plus parler de Luc; il a quelques succès, qui n'empêcheront pas qu'il ne meure enragé comme il le mérite et comme je le souhaite; il me paraît que tout le monde est déterminé à faire la guerre encore l'année prochaine; il n'y a que moi qui me désole de cette ardeur guerrière, car je ne peux pas dire que l'appétit me vienne en mangeant; mais je prends patience; Luc est encore plus malheureux que moi.

« Votre *Lettre au Roi de Pologne,* ma chère Marmotte, je vais souper avec son chancelier et lui demander comment S. M. P. l'a trouvée. Je suis bien fâché de ne pas connaître le frère de Menou; je lui en aurais parlé. Vous êtes un drôle d'homme, je vous aime et vous embrasse de tout mon cœur. »

Voltaire, qui mettait tant de soin à conserver la bienveillance du duc de Choiseul, s'était efforcé de pénétrer plus avant avec l'appui du Ministre dans les grâces de Mme de Pompadour et, pour consacrer par un témoignage public la faveur dont il se croyait désormais assuré, il eut l'idée de placer sa nouvelle tragédie sous le patronage de la toute puissante maîtresse. Cependant, si respectueux qu'il fût envers elle, il n'entendait pas changer le ton philosophique de ses dédicaces ; il pria donc d'Argental de négocier cette délicate affaire (1) : « Vous savez que j'avais ci-devant proposé à madame la marquise une dédicace ; je ne peux honnêtement oublier ma parole ; j'écris au protecteur M. le duc de Choiseul, protecteur que je vous dois, et je le prie de savoir de madame la marquise si elle accepte l'Épitre. Vous connaissez le ton de mes dédicaces ; elles sont un peu hardies, un peu philosophiques ; je tâche de les faire instructives. Si on les veut de cette espèce, je suis prêt ; sinon, point de dédicace. » D'Argental fit la proposition à laquelle Choiseul répond en opposant aux prétentions exclusives formulées par Voltaire, d'autres conditions non moins formelles qui furent acceptées :

(1) Lettre de septembre 1760. Édition Moland, n° 4247.

« A Choisy, ce 19 septembre [1760].

« Je vous renvoye l'Épitre dédicatoire, mon cher Solitaire, telle qu'on la veut ; on y ajoute la condition que si, comme je vous l'adresse et non autrement, vous l'approuvés, il n'y aura point de préface à la pièce, par ce que l'on ne veut pas absolument être compromis. Ainsi donc cette Épitre dédicatoire corrigée sans préface, ou une préface dans laquelle vous dirés ce que vous voudrés sans Épitre dédicatoire ; l'on vous laisse le choix ; je prendrais à votre place le premier parti (1), quoique je sois sûr que l'on ne sera pas choqué du second.

« Si vous me dédiés *Médine* (2) dont j'aime les deux premiers actes surtout passionément, je vous demande en grâce de m'envoyer d'avance l'épitre dédicatoire. Ce que vous écrivés n'est pas indifférent ; ce ne sera pas pour y retrancher

----

(1) C'est ce que fit Voltaire.

(2) Cette pièce ne fut pas dédiée à Choiseul, mais à Mlle Clairon qui interpréta le rôle de Zulime lors de la reprise en 1761.

ce qui regarde les gens de lettres que j'aime, mais pour empêcher que vous ne nous offusquiés trop de votre amitié pour moi. Voilà l'histoire des Épitres dédicatoires arrangée. J'en ai bien une autre; il faut que vous écriviés à Luc et que, dans le cours de votre lettre, vous y mettiés le passage que je vous envoye tout fait; tâchés en même tems, par tout ce que vous manderés, qu'il vous fasse une réponse; vous en sentés la conséquence pour moi. Adieu, mon cher Solitaire, etc.

« J'ai été à *Tancrède*, j'ai pleuré à faire scène; les vers croisés m'ont déplu faute d'habitude; il me paraît qu'ils ôtent le charme de votre poésie, et le regret de quelque chose de vous que j'attends me chagrine. Les deux premiers actes sont mieux ou plus courts qu'ils étaient, le rôle du père toujours ennuyeux; celui de Grandval (1) trop peu chevalier; le reste à merveille. Et des pleurs et du spectacle, voilà ce qu'il y a de bon. »

(1) L'acteur Grandval tenait le rôle d'Orbassan.

Cependant, en dépit de l'interruption que les circonstances avaient amenée dans l'entremise de Voltaire, quelques incidents survenaient de temps à autre pour le forcer à de nouvelles interventions. Ici c'est une énigmatique accusation, que le hasard a fait découvrir dans une lettre de Frédéric au marquis d'Argens (1) et sur laquelle Choiseul prie son cher Solitaire d'obtenir, s'il le peut, des explications :

« [Octobre 1760].

« Écrivés vous toujours au Roi de Prusse, mon cher Solitaire, ou plutôt ce Prince répond-t-il à vos lettres ; si cela était, vous me renderiés un grand service de tâcher de découvrir le sens d'une phrase d'une lettre de S. M. Prussienne au mar-

______

(1) Jean-Baptiste de Boyer, marquis d'Argens ; d'abord magistrat, puis capitaine, puis écrivain, reçu en considération de ce dernier titre à la Cour du roi de Prusse, dont il fut chambellan, maitre des cérémonies et dont il dirigea l'Académie, puis corrigea les œuvres. D'Argens était en même temps sceptique et superstitieux, deux qualités faites pour plaire à son protecteur le roi de Prusse et à son ami Voltaire qu'il avait connu en Hollande.

quis d'Argence (1), qui a été prise par des troupes légères et qui m'est revenue.

« Le Roi de Prusse après avoir parlé assés naturellement de sa situation que nous connaissons comme lui, après avoir dit quelque chose contre la France ajoute : « *Je sais un trait du Duc de Choiseul que je vous conterai lorsque je vous verrai, Jamais procédé plus fol ni plus inconséquent n'a flétri un ministre de France depuis que cette monarchie en a.* »

« J'ai montré comme de raison cette lettre au Roi et nous avons cherché quel peut être le trait si flétrissant qui m'est reproché par le Roi de Prusse ; j'avoue que je ne me suis trouvé ni dans mon ministère ni dans ma vie aucune action qui puisse mériter cette épithète odieuse, mais il est possible qu'à mon insçu et contre la volonté du Roi, on ait manqué aux égards qui sont dûs au Roi de Prusse ; c'est ce motif qui fait désirer à S. M. de connaître quel est le sujet de plaintes,

---

(1) Cette lettre est publiée dans la *Correspondance* de Grimm, du mois de septembre 1760. Nous la donnons aux pièces justificatives.

pour le réparer sans différer, ou en donner une explication satisfaisante à S. M. P., pour laquelle, malgré tout ce qui a pu lui échaper d'injurieux contre la France, on ne cessera d'avoir les égards qui lui sont dûs à toutes sortes de titres.

« Ainsi donc, mon cher Solitaire, voyés si il vous est possible d'écrire au Roi de Prusse, de lui mander que nous avons connaissance de cette phrase et d'en obtenir une explication. La démarche de votre part et de la nôtre est honnête; si elle ne produit rien, comme ni vous, ni moi n'iront de notre vie auprès de Spandau, elle n'est d'ailleurs sujette à aucun inconvénient. »

L'explication que Choiseul faisait demander au roi de Prusse le préoccupait assez pour qu'en renvoyant à Voltaire *l'Épitre dédicatoire de Tancrède,* finalement approuvée par la Marquise, il se montrât impatient d'un prompt éclaircissement. Cependant, si sa vanité souffrait de ce qu'on le traitât d'inconséquent et de fol, nous devons avouer que, dans la lettre même où il se plaint de ces épithètes, il se montre si léger qu'il semble vraiment les justifier. Pour ne pas être offusqué du ton d'ironique inconscience avec laquelle il parle du Canada définitivement perdu depuis le 8 septembre, il faut se rappeler qu'à cette époque d'absolutisme monarchique, le Roi représentait à lui seul, puisqu'il était tout, l'idée de patrie ; les défaites des armées étaient considérées comme de malheureux hasards, bien compensés par la parfaite santé du Souverain et la bonne humeur des Ministres.

« A Versailles, ce 12 octobre [1760].

« Je vous renvoye, ma chère Marmotte, l'épitre dédicatoire (1) ; elle est approuvée ; l'on en est reconnaissant et elle mérite plus de réflexions et a plus d'agrémens que celle de Choisy, dont j'ai apperçu quelques traits qui m'ont ennuyés apparemment parce que je ne suis pas archevêque, etc.

(1) Le 10 novembre Voltaire écrivit à d'Argental au sujet de cette lettre : « Voici cette dédicace mot pour mot, telle que M. le duc de Choiseul me l'a renvoyée, munie du grand sceau des petits appartements. J'ai plus d'une raison de faire cette dédicace, et je crois que vous les devinerez toutes. » Édition Moland, n° 4329.

La vôtre moins sacrée m'a fait grand plaisir.

« Je vous remercie du premier tome de *Pierre Ier* (1). Il est comme tout ce que vous faites ; vous me dégoutés des livres ; je brûlerai tout ceux qui ne seront pas de vous ; ils ne font que tenir de la place dans ma chambre et je ne lis que vos ouvrages. Vous me dégouterés même des dépêches ; rien de si saillant cependant que celles qui sortent de la poussière de Ratisbonne. A propos de dépêches, la lettre du Roi de Prusse au Marquis d'Argens est vraie ; la cour de Russie me l'a adressée en original. Pourquoi diable ce Prince me trouve-t-il fol et inconséquent ; il est comme ceux qui ont la jaunisse ; je suis curieux de la réponse qu'il vous fera à ma demande ministérielle. On dit que les Russes, les Suédois, les Autrichiens, l'armée de l'Empire, doivent se rendre à Berlin ; cette ville ressemblera à Alexandrie du douzième tome de *Cléopâtre* (2).

(1) Ce livre prêt, et imprimé en 1759, venait seulement de paraître.

(2) Les Cosaques avaient saccagé Berlin le 9 octobre, et c'est une occasion pour Choiseul de comparer cette ville à Alexan-

« Si vous voulés m'adresser un exemplaire de votre *Histoire de Pierre I*[er] pour le Roi, je crois que Sa Majesté le recevra avec plaisir.

« Je vous protégerai auprès de Dargental ; cette négociation sera bien difficile ; je suis dans le cas de n'en pas faire d'autres, surtout depuis que j'ai appris que nous avions perdu Montréal et par conséquent tout le Canada.

« Si vous comptiés sur nous pour les fourures de cet hyver, je vous avertis que c'est en Angleterre qu'il faut vous adresser. Adieu mon cher Solitaire. »

Décidément la lettre de Frédéric au marquis d'Argens avait atteint son but, si, comme l'en accuse Choiseul, elle n'était qu'une habile manœuvre pour discréditer le Ministre auprès des Cours d'Europe. Frédéric l'avait fait circuler en nombreux exemplaires et il avait poussé l'imper-

---

drie saccagée par les Romains, telle que nous la montre La Calprenède dans le dernier volume de son roman : *Cléopâtre.* Publié en 1648, ce roman était encore assez de mode au dix-huitième siècle pour que Choiseul pût y faire allusion.

tinence jusqu'à ne la désavouer qu'à demi, lorsque Voltaire lui en avait adressé de la part du Duc, des représentations : « Je ne sais, avait-il répondu (1), quelle lettre on a pu intercepter, que j'écrivais au marquis d'Argens; il se peut qu'elle soit de moi, peut-être a-t-elle été fabriquée à Vienne. Je ne connais le duc de Choiseul ni d'Ève ni d'Adam. Peu m'importe qu'il ait des sentiments pacifiques ou guerriers. S'il aime la paix pourquoi ne la fait-il pas ? ». Ces nouveaux sarcasmes et la lettre de déconsidération qu'ils confirment en essayant à peine d'en atténuer l'effet, avaient touché Choiseul au vif, et l'air d'indifférence forcée qu'il affecte, dans la lettre suivante, prouve combien son dépit est sensible :

« A Versailles, ce 19 [novembre 1760].

« Luc est l'homme du monde le plus extraordinaire; d'après la lettre que je vous ai écrite sur celle que l'on lui attribuait, adressée au marquis d'Argens, la Cour de Pétersbourg m'a

(1) Lettre à Voltaire du 31 octobre 1760.

dépêché un courrier pour m'apporter l'original de cette lettre; elle est de l'écriture de son secrétaire; ainsi il n'y a pas de doute sur l'autenticité. Vraisemblablement Luc a écrit cette lettre dont il a eu l'adresse d'envoyer plusieurs copies en France pour faire crier contre moi ici sur la répugnance qu'il me suppose pour la paix. Les Cours impériales de leur côté me l'ont adressée, chacune séparément avec une paraphrase pour m'aigrir contre Luc. L'un et l'autre ont manqués leur projet. Je ne vois en honneur et en vérité, mon cher Philosophe, que les choses; je prends de l'humeur quand mon souper est mauvais ou ma maîtresse coquette, ou mon ami ingrat; mais les affaires des souverains ne m'en donneront jamais, de même que les propos du public ne me feront ni presser, ni retarder les opérations que je croirai utiles; aussi, dans ce cas paticulier, j'ai répondu lanterne aux Impératrices et j'ai nié en France la vérité de la lettre. Ce Prince périra tôt ou tard; sera-ce un bonheur ou un malheur politique? On peut assurer du moins que l'humanité gagnera à sa non existence. Si vous êtes chargé de son oraison funèbre, je vous fournirai la division de votre vis à vis. Les talents et la témérité de Luc serviront à sa louange, son moral et le défaut de sensibilité de son cœur couvriront sa mémoire de blâme et terniront le désir immodéré de gloire qui l'a fait agir. Voilà ce que j'en penserai après sa mort; quant à présent je crois que le pauvre Prince ne sait pas bien véritablement ce qu'il veut; si il souhaite la paix, il est maître de procurer le bien au monde, si il veut continuer la guerre, les injures de goujats qui coulent de sa plume n'augmenteront pas ses forces et n'animeront pas davantage ses ennemis contre lui. Il dit dans sa lettre que je suis un scélérat et qu'il ne me connait pas; je réponds qu'il est un Prince funeste que je ne me souci pas de connaître. Il vous écrira sans doute une nouvelle lettre d'après le carnage qu'il a occasionné auprès de Torgau; il est certain qu'il a été battu toute la journée et que les Autrichiens ne se sont retirés sous Dresde que d'après le projet qu'ils en avaient formé deux jours avant la bataille. La

Cour de Vienne aime bien mieux que le roi de Prusse soit en Saxe qu'en Silésie. Je ne crois pas qu'elle ait raison, mais c'est un fait.

« J'ai écrit à Strasbourg sur la demande de M. d'Argental pour que M. Dufresnoy reçoive votre balot de Czar et le fasse passer à Vienne. Le Roi a accepté avec toutes sortes de grâce celui que vous lui avés donné.

« On nous fait espérer *Tancrède* à la Cour; j'irai y pleurer. Adieu, mon cher Solitaire, je vous embrasse de tout mon cœur. »

La bataille de Torgau (1), dernier épisode de la campagne de 1760, avait été, contrairement à l'interprétation qu'en donne le duc de Choiseul, probablement encore mal informé, une victoire pour le roi de Prusse. Daun, d'abord vainqueur, fut, à la nuit, forcé à la retraite par les troupes prussiennes. Les Autrichiens se retirèrent sous Dresde, où ils prirent leur quartier d'hiver.

La campagne était terminée. Il fallait songer

____

(1) 3 novembre 1760.

à combler les vides dans l'armée appauvrie par les morts et par les désertions, et, tout en songeant à la paix au sujet de laquelle l'espoir devenait de jour en jour plus chimérique, Choiseul dut donner tous ses soins à la réorganisation des moyens de défense. Au mois de janvier 1761 il avait pris, à la mort du maréchal de Belle-Isle, la place de ministre de la Guerre et l'occupait conjointement avec celle des Affaires Étrangères. Il était donc en situation et de vérifier par lui-même l'état de nos arsenaux et de connaître les intentions des alliés ou des ennemis de la France ; or la seule ressource qui lui parût rester au Roi, c'était de faire auprès de l'Angleterre de nouvelles tentatives pour obtenir la paix. Cette paix, hors laquelle le Ministre n'entrevoyait plus de salut possible, Louis XV la désirait, car elle devait lui assurer, au moins à l'extérieur, la tranquillité qu'il aimait et que les querelles des Jésuites et l'affaire du Père de la Valette troublaient singulièrement à l'intérieur. Devant la lassitude du Roi, la Favorite se résignait à céder ; Choiseul obtint le consentement de

l'Angleterre, et, le 26 mars, une proposition de
Congrès fut adressée par la France et les Alliés à
l'Angleterre et à la Prusse, en même temps qu'un
projet de conventions particulières était soumis
à l'Angleterre par la France. Choiseul offrait à
Pitt la base de l'*Uti possidetis*. Le Ministre
anglais accepta et, consentant à recevoir un
envoyé français, fit partir pour Versailles un
plénipotentiaire anglais. Cependant ses intentions secrètes étaient fort loin d'être portées
pour une paix qui ne pouvait donner à l'Angleterre que ce que celle-ci était sûre de prendre,
et, lors des discussions relatives aux conditions
d'un traité, il rendit impossible toute conciliation
par ses exigences humiliantes et ses insolences
répétées (1). Le cabinet de Versailles, qui était
cependant décidé à céder sur les conditions dra-
coniennes des Anglais, dut renoncer à l'espoir

(1) Choiseul composa, au sujet de ces négociations, un *Mémoire historique sur les négociations de la France et de l'Angleterre, depuis le 26 mars 1761 jusqu'au 20 septembre de la
même année*, avec pièces justificatives. Ce mémoire, qui mettait
au jour les prétentions de l'Angleterre, fut lu par Voltaire, qui
s'en indigna et écrivit à ce sujet plusieurs lettres. Novembre 1761.

d'une entente, et ce fut alors que Choiseul engagea les pourparlers destinés à lier entre elles par un traité secret les différentes branches de la Maison de Bourbon. Ce traité, qui fut signé le 16 août, prit le nom de Pacte de famille; il engageait l'Espagne à nous soutenir de sa marine et de ses armes, et nous assurait un appui précieux dans l'état de faiblesse où nous nous trouvions.

On comprend que, pris tout entier par des occupations aussi graves, le Ministre dut négliger celles qui n'avaient pas un caractère d'immédiate nécessité. Voltaire lui-même fut oublié, et, s'il faut l'en croire, il en prenait assez mal son parti. Deux lettres qu'il avait adressées à Choiseul étaient restées sans réponses; il s'en désespère : « Voilà le cas de mourir, écrit-il à d'Argental (1); tout abandonne Voltaire. Voltaire a écrit deux lettres (2) à M. le duc de Choiseul : point de réponse. Je lui pardonne; il est surchargé. » Il pardonne, mais ne cesse de se tourmenter et

(1) Le 11 février 1761. Édition Moland, n° 4461.
(2) Ces lettres sont perdues, comme presque toutes les lettres de Voltaire au duc de Choiseul.

récrit à d'Argental(1) : « Dites-moi, je vous en conjure, si M. le duc de Choiseul a toujours de la bonté pour moi, et si par hasard nous pouvons espérer la paix... » Une nouvelle lettre à Choiseul n'obtint pas plus de succès que les précédentes ; alors il en appelle encore une fois à d'Argental(2) : « ... J'ai écrit en dernier lieu à M. le duc de Choiseul une lettre dont il a dû être content. Je crois bien que le fardeau immense dont il est chargé ne lui permet pas de faire réponse à des gens aussi inutiles que moi ; il y avait pourtant dans ma lettre quelque chose d'utile. Enfin je demande en grâce à M. d'Argental de m'apprendre si je suis en grâce auprès de son ami. » La réponse cette fois ne tarda pas ; elle émanait de Choiseul lui-même :

« A Versailles, ce 23 avril [1761].

« Je vous demande mille pardons, mon cher Solitaire, d'avoir été si longtems sans vous écrire ; j'en suis d'autant plus fâché que mon silence

(1) Le 29 mars. Édition Moland, n° 4503.
(2) Lettre du 11 avril. Édition Moland, n° 4523.

forcé occasionne nécessairement la rareté de vos lettres et que je vous assure que, dans le nombre de celles que je suis dans le cas de lire, les vôtres avaient la préférence et me soulageaient du fatras de misères que l'on se croit obliger de me mander et auxquelles moi encore plus sottement, je suis forcé de répondre. J'ai eu ces deux mois-ci un travail un peu forcé ; je me trouve à mon courant, car nos armées et nos côtes sont en état; je n'ai plus qu'à laisser aller les choses au gré de la Providence, tant pour le militaire que pour le politique, et, à la fin de l'année, nous ferons le décompte général. Dieu sait où nous en serons alors ; mais tout ceci peu tourner à bien, car la paix devrait en être le sceau si nos ennemis n'ont pas le diable au corps, et en vérité je ne les crois pas sorciers.

« Adieu, mon cher Solitaire, votre épître est charmante ; écrivés-moi, pardonnés-moi et aimés-moi. »

La lettre était courte, mais affable et confiante. « Aimez-moi », disait-il en terminant ; Voltaire se hâta d'annoncer à d'Argental (1) la fin de ses inquiétudes, non sans ajouter toutefois une réflexion un peu désabusée : « ... M. le duc de Choiseul m'a écrit une fort jolie lettre ; mais il est si grand seigneur que je n'ose l'aimer. »

De fait, malgré les sympathies réelles et les raisons de vanité qui devaient les déterminer à demeurer en correspondance, il était évident que du grand seigneur au philosophe, un sérieux intérêt pouvait seul assurer l'activité de leur commerce épistolaire. Or, lorsque la mission secrète de Voltaire eut été interrompue par les événements, cet intérêt avait disparu. Durant quelques mois encore, par une sorte de force acquise, les lettres gardèrent une certaine fréquence, mais, dès le milieu de 1761, elles s'espacèrent pour ne jamais reprendre le cours régulier qu'elles avaient eu pendant deux années. Choiseul allait bientôt joindre aux deux Départements dont il était titulaire celui de la Marine (2), et l'accablement des

(1) Par une lettre du 4 mai 1761. Édition Moland, n° 4539.

(2) Le 13 octobre, il prit le Ministère de la marine en remplacement de Berryer, qui fut dédommagé de la perte de cet

affaires, si lourdes à son ancienne nonchalance, ne lui laissait point le temps d'écrire à sa chère Marmotte, sinon de courtes missives, à moins qu'un sujet particulièrement attachant n'en motivât parfois de plus longues. C'est ainsi que Voltaire allait bientôt renouer l'ancien échange de confidences par un appel pressant aux bons offices du Duc.

Agissant en seigneur et maître de ses terres et de son comté, il avait, sans attendre la fin des formalités requises, fait abattre la moitié de l'église de Ferney, qu'il jugeait trop voisine de son château et qu'il fit reconstruire un peu plus loin (1). C'était un attentat au caractère sacré d'un pieux édifice, et ce sacrilège et des propos tenus par lui devant une croix de cimetière, l'appellation de pendu appliquée au Christ en présence de témoins, parurent à la justice ecclésiastique de suffisants prétextes à brûler le blas-

emploi par celui de garde des sceaux. En même temps Choiseul céda pour la forme les Affaires étrangères à son cousin Choiseul-Praslin.

(1) L'engagement des maitres maçons pour cette reconstruction de l'église est daté du 6 août 1760.

phémateur. Un procès des plus violents fut donc entamé contre lui. Pour se défendre il eut recours à ses soutiens habituels. Le conseiller Tronchin fut chargé des démarches auprès du procureur général de Quintin, et ce fut grâce à ses bons offices que l'accusé ne fut pas arrêté (1). Voltaire n'avait pas oublié non plus son puissant protecteur, le duc de Choiseul ; il jugea qu'en une si grave conjoncture il ne devait négliger aucune aide, et il pressentit d'Argental au sujet d'une démarche qu'il méditait auprès du Pape (2) :

« ... Je demande, écrit-il, des reliques pour mon église, un domaine absolu sur mon cimetière, une indulgence *in articulo mortis*, et, pendant ma vie, une belle bulle pour moi tout seul, portant permission de cultiver la terre les jours de fête sans être damné (3). »

Évidemment la ruse était habile, car la moindre sanction papale devait fermer la bouche aux

---

(1) *Le conseiller François Tronchin et ses amis.* Paris, 1895, page 163.

(2) Clément XIII.

(3) Lettre du 21 juin 1761. Édition Moland, n° 4580.

accusateurs. La Cour de Rome n'a pas l'habitude
de répondre au sacrilège par l'envoi de reliques,
et, de sa part, les accorder, c'était écarter toute idée
de délits criminels commis par le destinataire.

Le paquet, contenant les suppliques avec une
lettre au cardinal Passionei, secrétaire des brefs,
fut envoyé par Voltaire à d'Argental deux jours
après la lettre qui l'annonçait. Mais le Philosophe n'entendait point passer pour converti aux
yeux de ses Anges, et il prie d'Argental d'envoyer
à M. le duc de Choiseul le présent paquet, après
en avoir ri (1).

La commission fut exactement remplie ; toutefois les occupations du Ministre lui firent retarder
sa réponse que Voltaire reçut un mois après :

« A Saint-Hubert, ce 25 juillet [1761].

« Je ne vous écris pas, ma chère Marmotte,
mais je m'occupe de vos petites affaires ; voilà :
1° Le passeport que vous avés demandé. 2° Le
cardinal Passionei est mort(2), mais j'ai demandé

(1) Lettre du 23 juin. Édition Moland, n° 4583.
(2) Il était mort le 5 juillet.

au Nonce de me faire venir ma relique pour votre église avec les autentiques les plus autentiques. 3° Vous proposés deux choses à la Cour de Rome qui ne la regarde pas : la première de transférer votre cimetière, cela dépend de votre curé et de l'emplacement; la deuxième de diminuer les fêtes, cela dépend de votre Évêque; de Rome on lui renvoyerait ces demandes. Vos souscriptions (1) vont à merveille, dépéchés vous de faire imprimer. Adieu, je vous aime et vous embrasse de tout mon cœur. »

Pour être bref, ce billet n'en était pas moins précieux pour Voltaire, sans cesse assailli par toutes sortes de craintes et notamment par la crainte de perdre son puissant protecteur. Il en avait fait part à d'Argental dans une lettre datée du 2 auguste 1761 (2) : « ..... M. le duc de Choiseul a bien voulu me mander que les sous-

---

(1) Voltaire avait proposé ses *Commentaires de Corneille* à l'Académie au mois de mai; les souscriptions avaient commencé au mois de juin.
(2) Édition Moland, n° 4627.

criptions cornéliennes vont à merveille..... Je crains que M. le duc de Choiseul ne se dégoute, et qu'il ne quitte un poste fatigant..... j'en serais inconsolable. »

C'est qu'il avait sans cesse recours à ce protecteur, qu'il n'eût pas aisément remplacé si l'équilibre instable des Cours le lui eût enlevé. Les faveurs qu'il obtenait par lui étaient de celles qui nécessitent une intervention toute-puissante, et dans ce nombre il faut compter les reliques dont la Cour de Rome hésitait à doter un mécréant. Or ces reliques devaient le garantir contre les zélés catholiques qui avaient voulu le pendre et qui respecteraient désormais le possesseur d'un tel gage tutélaire ; il les désirait donc ardemment et devait presque désespérer de les obtenir lorsque, trois mois plus tard, le duc de Choiseul les lui annonça ainsi :

« A Versailles, ce 28 septembre [1761].

« Le proverbe a raison, qui mange chapon, chapon lui vient ; voilà ce que c'est que d'avoir de la foi. Notre Très Saint Père, acquiesçant à notre humble prière, m'a adressé cette relique pour votre Église, avec l'autentique nécessaire pour que l'on ne puisse pas douter de la Sainteté de l'ossement qui doit être mis dans votre cathédrale et de la vénération qui lui est due par les fidèles de votre paroisse ; confiés ce dépôt précieux à votre curé, brulés ma lettre, je vous prie, et continués d'aimer votre serviteur. »

Aussitôt les précieuses reliques reçues, Voltaire se hâte d'en annoncer au monde la nouvelle, mais à sa manière, en mêlant malicieusement au sacré le profane. En même temps lui était parvenu un portrait de Mme de Pompadour qui flattait singulièrement son amour-propre. Il fait part des deux envois à d'Argental (1) : « M. le duc de Choiseul m'a envoyé des reliques de Rome. Si je ne réussis pas dans ce monde, mon affaire est sûre dans l'autre. Je reçus le même jour les reliques et le portrait de Mme de Pompadour, qui m'est venu par bricole. » Puis au

(1) Lettre du 11 octobre 1761. Édition Moland, n° 4709.

marquis d'Argens (1) : « J'ai reçu le même jour des reliques du pape et le portrait de Mme de Pompadour ; les reliques sont le cilice de Saint François. Si le saint-père avait daigné m'envoyer le cordon au lieu du cilice, il m'aurait fort obligé. »

Voltaire répète ici le trait dont il s'est servi pour la réponse en vers qu'il adressa au duc de Choiseul. Les vers se trouvent transcrits au dos de la lettre de Choiseul :

J'ai reçu la belle relique
De Saint François le séraphique
Qu'au baptême j'eus pour patron ;
Saint François a de la justice,
Vous possédés son grand cordon,
Et moi je n'ai que son cilice.
Cet emblème doit m'avertir
De penser à ma conscience ;
Vous êtes né pour le plaisir,
Moi je ne fait que pénitence ;
Il est bien vrai que notre France
Fait un peu pénitence aussi,
J'en suis quelquefois en souci ;
Mais en vous est notre espérance,
Courage, esprit, persévérance.

(1) Lettre du 26 octobre. Édition Moland, n° 4721.

Ces vers, que nous croyons pouvoir présenter comme inédits, durent être adressés au duc de Choiseul en même temps qu'une lettre qui, pas plus que la plupart de toutes celles précédemment écrites par Voltaire à Choiseul, ne nous est parvenue (1). C'est seulement à partir de cette année 1761 qu'on en connaît quelques-unes, dont deux seulement pour cette même année ; l'une est politique (2), l'autre n'est qu'un court billet de félicitations à l'occasion de la nouvelle année (3) : « Monseigneur, vous donnez la bonne année à la France en lui donnant l'Espagne. Cela vaut, ma foi, mieux que le *Droit du Seigneur*. Je vous recommande Luc. Agréez les tendres res-

(1) Les lettres de Voltaire à Choiseul, du moins celles que l'on connait, sont fort peu nombreuses ; elles offrent au point de vue des rapports littéraires et politiques qu'échangèrent le Ministre et le Philosophe un intérêt certain ; mais, ne répondant pas toujours à celles que nous publions, elles n'avaient pas leur place marquée dans notre texte. Rejetées en pièces justificatives, elles compléteront pour le lecteur l'ensemble des éléments que nous possédons de cette précieuse correspondance.

(2) En date du 13 juillet 1761. Édition Moland, n° 4607.

(3) Il est du 28 décembre. Édition Moland, n° 4791.

pects d'un vieux radoteur du pays des Alpes (1). »

Le Pacte de famille, auquel Voltaire fait allusion en une phrase habile de courtisan, devait en effet paraître un acheminement vers la fin de nos désastreuses campagnes. Celle de 1761, ridiculement conduite par la jalousie et la vanité de deux chefs rivaux, le maréchal de Broglie et le prince de Soubise, n'avait eu d'autre résultat que de faire perdre à l'armée française ce qui lui restait de son ancien prestige, bien affaibli déjà par Rosbach, Crevelt et Minden.

Ce fut vers la Marine que Choiseul, maintenant directeur de ce Département, concentra les efforts du pays. L'alliance de l'Espagne n'était qu'une espérance de paix et se trouvait bien loin d'en être l'assurance même prochaine ; il fallait pouvoir soutenir notre nouvelle alliée dans la dé-

---

(1) Ce billet, publié pour la première fois par Ch. Nisard (*Mémoires et correspondances historiques et littéraires*, Paris, 1858), fut adressé selon lui au duc de Praslin, qui était alors, il est vrai, ministre des Affaires étrangères, mais qui n'était pas le véritable instigateur du *Pacte de famille*. Il nous a semblé aussi logique de suivre le classement de Louis Moland, qui indique le duc de Choiseul comme destinataire de ce billet.

fense de ses colonies, comme elle-même devait coopérer au maintien de nos droits et à la garde de nos possessions ; et Choiseul eut le talent de faire offrir au Roi par les états de Languedoc, de Bourgogne, de Flandre et d'Artois, par le corps de ville et les six corps de marchands de Paris, le parlement et la ville de Bordeaux, la ville de Strasbourg et diverses riches corporations, des vaisseaux et de l'argent. Quatorze millions de dons rentrèrent ainsi au trésor, et, grâce à ce regain de patriotisme habilement suscité par les demandes et les conseils détournés du Ministre, nos chantiers de constructions reprirent leur activité depuis longtemps perdue.

Pendant que la France essayait de se préparer ainsi les chances d'une revanche sur mer et d'une rentrée en possession de nos colonies, les Anglais, poursuivant leurs succès, continuaient à nous dépouiller de nos dernières stations maritimes. La Martinique s'était rendue au corps d'armée débarqué en janvier 1762 par une flotte anglaise : il ne nous restait rien de toutes nos possessions dans les petites Antilles.

Et, contrairement à nous, Frédéric avait pu se féliciter des premiers événements de la nouvelle année, qui réparait pour lui les désavantages de l'année précédente. A la fin de 1761, les Autrichiens étaient établis en Silésie; les Russes, qui s'étaient emparés de Colberg, se trouvaient à même de recevoir leurs vivres par terre et par mer, ce qui les mettait en mesure de rester sur le terrain des opérations prochaines; la situation de Frédéric semblait donc très compromise, presque désespérée même, quand un événement imprévu était venu le sauver. L'impératrice de Russie mourait le 5 janvier 1762, et son successeur, son neveu Pierre III, Allemand d'origine, ne descendant que par les femmes de la famille de Pierre le Grand, avait pour le roi de Prusse une admiration fanatique. Dès son avènement, son premier soin fut de mettre à la disposition de Frédéric les mêmes soldats qui hier encore menaçaient de le réduire aux pires extrémités et qui, dès lors, devaient l'aider à prendre une triomphante offensive. C'est à ces événements que fait allusion Choiseul, qui n'avait pas écrit à

Voltaire depuis plus de cinq mois et qui se rappelle à lui par le billet suivant :

« A Versailles, ce 11 avril [1762].

« Je ne vous écris pas, ma chère Marmotte, parcequ'il faut éviter ses amis quand on a de l'humeur, j'en ai un peu de la Martinique ; quoique je me sois attendu depuis plusieurs années à cette perte, le moment a été sensible. J'aimerais mieux que dix mille czars nous quittâssent sur le continent que de perdre un pouce de terre en Amérique ; au lieu de cela, il n'y en a qu'un qui nous abandonne, et quel czar, et nous perdons la Martinique. Votre ami le roi de Prusse doit-être bien à son aise à présent ; je lui souhaitte de la santé et de la gayeté ; voilà les vrais biens ; la gloire est une chimère, et la terreur est un plaisir horrible. J'aime mes Suisses à la folie, je voudrais n'être occupé que d'eux, et en particulier de votre jeune Galatin. Adieu, aimable Marmotte, vous êtes heureux, vous ne travaillés que pour votre plaisir et celui des autres ; bien différent de moi qui ne m'occupe que de faire tout amis et ennemis. Je vous embrasse de tout mon cœur. »

Depuis le 24 février, le duc de Choiseul avait le titre de colonel général des Suisses et Grisons ; cette nouvelle faveur lui donnait plein pouvoir sur les régiments suisses au service de la France, et Voltaire n'avait pas manqué d'utiliser ce nouvel avantage. La puissance de Choiseul à Paris le rendait, lui Voltaire, puissant à Genève et lui créait des partisans dont il avait grand besoin contre ses ennemis. Il n'avait pas attendu que le Duc fût entré en possession du titre pour le solliciter en faveur du jeune Gallatin, officier aux gardes suisses et membre d'une des plus anciennes familles de Genève, auquel il voulait faire obtenir la place d'aide-major (1) ; un peu plus tard il avait présenté le jeune La Houlière qui voulait servir (2) ; maintenant il demandait la levée d'un régiment dont l'entretien eût engagé les finances déjà fort obérées de la Cour. La

(1) Lettre du 9 février 1761. Édition Moland, n° 4457.
(2) Lettre du 10 mars 1762. Édition Moland, n° 4857.

demande était de trop de conséquence ; elle ne put réussir.

« Versailles, ce 5 mai 1762.

« Je ne veux point, mon cher Solitaire, que les gens que j'aime soient malades. Vous m'avés mandé que vous l'étiés beaucoup, j'en suis vraiement affligé ; je compte que les premières nouvelles que je recevrai de vous, m'apprendront que vous êtes plus content de votre santé.

« J'ai lû le mémoire qui accompagnait votre lettre (1) : je crois qu'un régiment levé dans les trois cantons que vous me nommés et commandé par l'officier dont vous me faites l'éloge, serait une très bonne acquisition à faire, mais le Roi me parait jusques à présent plus occupé à bien maintenir ses Suisses qu'à les augmenter. Pour entrer dans les vües de Sa Majesté je porte toute mon attention à donner, s'il est possible, une meilleure forme au corps des Suisses, et à le porter au degré de perfection et d'utilité dont il est susceptible.

(1) Nous ne connaissons ni la lettre ni le mémoire.

« Vous connaissés, mon cher Solitaire, la sincérité, etc. »

Cette lettre trouva Voltaire encore fort malade.
Il avait été attaqué d'une fièvre violente compli-
quée d'une inflammation de poitrine. Devant les
conséquences possibles dues à la gravité du mal,
son médecin avait dû le faire transporter de
Ferney aux Délices, où il pouvait lui donner des
soins plus constants et surtout remonter le moral
d'un malade dont la vive imagination passait
facilement de l'extrême exaltation à l'extrême
abattement. Cependant Tronchin vint à bout
d'une guérison difficile, et, le 15 mai, son malade
pouvait écrire à d'Argental (1) : « Je vous écris
enfin, mes divins anges, je ressuscite... La nature
et lui (Tronchin) m'ont sauvé ; je suis encore
dans la plus grande faiblesse, et je ne puis ni
marcher ni écrire. »

Guéri, Voltaire n'avait pas tardé à recevoir de
nouvelles sollicitations ; il les transmettait à Choi-

(1) Édition Moland, n° 4892.

seul, qui se chargeait d'examiner, d'approuver ou de rejeter selon les circonstances, comme en témoigne le billet suivant :

« Versailles, le 29 mai 1762.

« J'ai lu avec attention, mon cher Suisse, le mémoire qui était joint à la lettre que vous m'avés écrite le 22 (1) de ce mois ; il me regarde bien moins que M. le contrôleur général qui, je vous assure, ne se rendra pas à mes sollicitations, d'autant qu'en finance, les Suisses passent déjà pour avoir en France beaucoup trop d'exemptions. Conservés votre santé, mon cher Suisse, donnés m'en souvent des nouvelles, et comptés pour toujours sur la sincérité des sentimens que je vous ai voué. »

La lettre qui suit est toute relative à l'affaire Calas. On sait que, le 13 octobre 1761, le fils

----

(1) La lettre et le mémoire nous sont inconnus. Nous ne pensons pas qu'il soit ici question de l'affaire Desprez de Crassy, dont Voltaire parle assez fréquemment dans sa correspondance et à cette époque.

Calas s'était suicidé. Accusé de l'avoir tué, le père du jeune homme, appartenant à la religion protestante, fut arrêté le même jour et, condamné le 8 mars 1762, fut exécuté le 9. Voltaire, convaincu de l'iniquité de cette condamnation, se fit l'avocat de la famille Calas. Il adressa brochures sur brochures, lettres sur lettres aux juges, aux Ministres, aux Princes, au Roi lui-même. Il vint heureusement à bout de sa tâche, et le 9 mars 1765, trois ans jour pour jour après l'exécution, fut rendu l'arrêt justifiant les Calas. Le duc de Choiseul, qui avait soutenu cette famille de son argent, obtint du Roi trente-six mille livres pour elle.

Or, parmi les lettres qu'écrivit Voltaire à l'occasion de cette malheureuse affaire, il en était une par laquelle il l'annonçait à d'Alembert ; cette lettre intime (1) ne contenait que les faits et n'attaquait nullement ni le Roi ni ses Ministres : « ... On vient, dit-il en parlant des Génevois, de rouer un de leurs frères, accusé d'avoir pendu son fils en haine de notre sainte religion,

______

(1) Édition Moland, n° 4872.

pour laquelle ce bon père soupçonnait dans son fils un secret penchant. La ville de Toulouse, beaucoup plus sotte et plus fanatique que Genève, prit ce jeune pendu pour un martyr. On ne s'avisa pas d'examiner s'il s'était pendu lui-même, comme cela est très vraisemblable. On l'enterra pompeusement dans la cathédrale; une partie du parlement assista pieds nus à la cérémonie; on invoqua le nouveau saint; après quoi la chambre criminelle fit rouer le père à la pluralité de huit voix contre cinq. Ce jugement était d'autant plus chrétien qu'il n'y avait aucune preuve contre le roué. Ce roué était un bon bourgeois, un bon père de famille, ayant cinq enfants, en comptant le pendu; il a pleuré son fils en mourant, il a protesté de son innocence sous les coups de barre. Il a cité le parlement au jugement de Dieu. Tous nos cantons hérétiques jettent les hauts cris; tous disent que nous sommes une nation aussi barbare que frivole, qui sait rouer et qui ne sait pas combattre, et qui passe de la Saint-Barthélemy à l'Opéra-Comique. Nous devenons l'horreur et le mépris de l'Europe; j'en suis fâché, car nous étions faits pour être aimables... Pour l'amour de Dieu, rendez aussi exécrable que vous le pourrez le fanatisme qui a fait pendre un fils par son père, ou qui a fait rouer un innocent par huit conseillers du roi... »

Or cette lettre, envoyée à d'Alembert le 29 mars 1762, avait été surprise, copiée et, par un abus de confiance que Voltaire qualifie lui-même d'exécrable, publiée dans un journal anglais avec des altérations compromettantes. Revenue en France et traduite des papiers anglais, cette lettre parut une véritable attaque contre l'autorité du Roi et celle des Ministres, et elle faillit attirer à Voltaire les plus graves complications. Fort de son innocence, sûr de défendre le bon droit en se débattant contre une injuste prévention, Voltaire dénonça hautement la falsification anglaise. Le 20 août, il écrivit à M. Pierre Rousseau (1) : « Pour répondre, Monsieur, à

(1) Pierre Rousseau était le fondateur du *Journal encyclopédique*, qu'il avait fait paraître en 1756 pour y défendre les opinions philosophiques dont il était l'adepte. Voltaire comptait parmi les collaborateurs du journal, violemment combattu par Fréron.

votre lettre du 14 auguste, dont je vous suis très obligé, je vous dirai que M. le duc de Grafton, qui était dans mon voisinage il y a quelque temps, me montra dans le *Saint-James Chronicle* du 17 juillet, n° 211, une prétendue lettre de moi, tirée apparemment des archives du Grub-street ou des charniers Saint-Innocents. Il fallut tout mon respect et toute ma reconnaissance pour m'engager à désavouer dans les papiers anglais cette rapsodie impertinente. Les honnêtes gens éclairés savent bien à quoi s'en tenir sur ces sottises dont on est inondé et dont on est las (1)... »

Dans une autre lettre à Damilaville (2), il répète les mêmes plaintes : « Vous ne vous souvenez peut-être pas d'une lettre qui est, je crois, la première que je vous écrivis sur cette affaire, et qui était adressée à M. d'Alembert... Je ne sais quel exé-

(1) Édition Moland, n° 5010.

(2) Damilaville était premier commis au bureau du vingtième ; grâce aux privilèges de sa place, il avait pu faire passer francs de port différents paquets de Voltaire. Ces services les firent entrer en relation, et, depuis 1760, ils eurent ensemble une cor-respondance suivie.

crable polisson a pris cette lettre pour son texte, et y a ajouté tout ce qu'on peut dire de plus extravagant, de plus offensant, et de plus punissable contre le gouvernement. L'auteur a poussé la sottise jusqu'à dire du mal du roi, et du bien du poëme du *Balai;* le tout, écrit dans les charniers Saints-Innocents, a été mis dans les papiers publics d'Angleterre (1). »

Mais les désaveux de Voltaire étaient si fréquents et bien souvent si fantaisistes que l'on n'attacha pas grand crédit à ceux-là ; et ce fut sous cette impression que Choiseul crut pouvoir lui écrire ces amicales gronderies :

« A Fontainebleau, ce 9 octobre [1762].

« Je rends grâces à M. de Richelieu de vous avoir fait souvenir de moi, ma chère Marmotte ; je mérite des louanges de la part de l'amitié, elles me sont chères ; je ne mérite guères les autres, et la preuve est au bout, voyés nos succès. Cependant il est certain que je fais de mon mieux, et

(1) Cette lettre est du 29 auguste 1762. Édition Moland, n° 5021.

le résultat de ce mieux me donne plus de chagrin que de satisfaction. Je ne vous ai point
répondu sur votre famille toulousaine ; cette
affaire vous avait sérieusement échauffé le cer-
veau ; je l'ai apprise par vous, mais j'ai lû depuis
dans les papiers anglais une lettre à d'Alembert
qui, en vérité, n'est point sage. On peut être
peiné d'une injustice de *Messieurs*, mais prudem-
ment il ne faut pas s'en plaindre comme vous
vous en plaignés, encore moins se faire des
ennemis et peut-être des affaires pour jouer le
rôle d'un avocat de causes perdues. Vous connaissés trop l'administration du royaume pour ne
pas savoir que les Parlements jugent en dernier
ressort le criminel ; que le Roi est astreint aux
formes ; que, selon les lois, ce qu'il peut faire,
quand une partie se plaint du jugement, est de
demander les motifs, et que cette demande en-
traîne les longueurs dont vous vous plaignés et
ne produit ordinairement aucun redressement
sur un arrêt qui se trouve exécuté. Des juges se
peuvent tromper parcequ'ils sont hommes, mais
les Rois doivent suivre les formes et s'en ra-

porter au jugement des hommes nécessairement ; il y aurait plus d'inconvénients à intervertir cet ordre qu'il n'y en a à le maintenir ; 25 personnes peuvent par un grand hasard se tromper, et en cela je plains la nature souffrante et jugeante ; mais tout un tribunal ne condamne pas à mort pour son plaisir ; voilà tout ce que je puis vous dire sur le pendu que vous protégés, dont d'ailleurs il n'a pas été question ici. Je suis au reste persuadé de son innocence ; je prie Dieu de tout mon cœur pour le salut de son âme, et si jamais son affaire revient *par les formes* au conseil du Roi, je l'écouterai avec l'attention la plus scrupuleuse. Mais je vous gronderai, et vous mériterés de l'être par vos amis, quand une affaire vous est aussi étrangère, de vous engager à écrire des lettres qui doivent vous attirer des chagrins. Adieu, ma chère Marmotte ; il est un âge où il ne faut employer le fin de son imagination que pour son bonheur et celui de ses amis, laisser aller le monde comme il va quand on n'est pas chargé de le conduire et dire toujours du bien de M. le

Prieur (1). Bonsoir, je vous embrasse de tout
mon cœur. »

Devant ces reproches immérités, Voltaire re-
nouvelle avec plus d'ardeur ses dénégations :
« M. le duc de Choiseul, dit-il à Damilaville (2),
m'a écrit quatre pages sur cette horreur dont
il m'a cru coupable. Mais comment m'a-t-il pu
soupçonner d'une telle bétise, d'une telle folie,
de telles expressions, d'un tel style... » Un
peu plus tard il adresse la même plainte à d'Argental (3) : « ... Ce qui fait ma vraie tribulation,
c'est que M. le duc de Choiseul m'a cru l'auteur
de cette belle rapsodie anglaise, c'est qu'il me l'a
écrit, avec bonté, il est vrai ; mais cette bonté
est affreuse. J'en ai été outré, et je lui ai dit bien
des injures qu'il mérite... »

Et, les protestations ne lui suffisant pas, il
voulut témoigner par des preuves évidentes qu'il

(1) Louis XV.
(2) Le 15 octobre 1762. Édition Moland, n° 5066.
(3) Dans une lettre de novembre 1762. Édition Moland,
n° 5085.

n'était pour rien dans la condamnable publication ; il en appela à d'Alembert (1). « Mon cher
confrère, mon cher et vrai philosophe; je vous
ai envoyé la traduction de cette infâme lettre
anglaise insérée dans les papiers de Londres
du mois de juin. C'est la même que M. le duc de
Choiseul a eu la bonté de me faire parvenir. Si je
vous avais écrit une pareille lettre, il faudrait me
pendre à la porte des Petites-Maisons ; et il serait
très-triste pour vous d'être en correspondance
avec un malhonnête homme si insensé... Il me
paraît essentiel que M. le duc de Choiseul voie si
le roi et les ministres sont mêlés si indignement
et si mal à propos dans ma lettre, et si j'ai écrit les
bétises, les absurdités, et les horreurs qu'on a si
charitablement ajoutées à mon billet. Cherchez-le,
je vous en conjure; vous devez à vous et à moi
la preuve de la vérité qu'on demande; c'est la
seule manière de confondre une telle imposture,
et il est bon que le ministère voie combien on
calomnie les gens de lettres... Tâchez, encore une

(1) Lettre du 17 octobre 1762. Édition Moland, n° 5070.

fois, de retrouver mon billet ; envoyez, je vous en
supplie, l'original de ma main à M. le duc de Choiseul, et à moi copie... En un mot, je vous supplie
de chercher ce billet, et de l'envoyer à M. le duc
de Choiseul, à mes risques, périls, et fortunes. »

Ne se jugeant nullement attaqué par les
reproches du Ministre, estimant l'accusation
absurde et la défense inutile, d'Alembert se con-
tenta d'envoyer à Voltaire (1) l'original de la
lettre, qu'il avait pu retrouver et dont il n'était
après tout que le destinataire. Il ne se souciait
pas de la faire parvenir directement à Choiseul,
duquel il n'avait pas à se louer. Le Ministre la
reçut donc par les soins du principal intéressé ;
il y vit une preuve de bonne foi qu'il était prêt à
reconnaître ; mais la fin de la campagne de
1762, les préliminaires de paix signés entre les
Cours de France, d'Espagne et d'Angleterre le
3 novembre, avaient trop occupé le duc de Choiseul pour qu'il ne tardât pas un peu à rassurer
son correspondant :

(1) Voir la lettre de d'Alembert du 26 octobre 1762.

« A Fontainebleau, ce 12 novembre [1762].

« Je n'ai pas eu le temps de vous répondre,
ma chère Marmotte ; j'ai été occupé tout ce mois
ci à finir une petite tracasserie dont mon Maître
était occupé et qui effectivement commençait à
devenir fastidieuse à tout le monde, hors à votre
héros qui me paraît n'en être pas las ; je suis son
serviteur, mais à présent le jeu ne vaudra pas la
chandelle. Vous avés raison, vous n'avés point
écrit la lettre supposée ; personne n'en parle, ni
ne songe actuellement à vous l'imputer. Paix ou
guerre, ma chère Marmotte, je vous aimerai toujours de tout mon cœur. »

Ce que Choiseul appelle terminer une petite
tracasserie, c'était mettre fin aux boucheries an-
nuelles auxquelles les rivalités prussienne et autrichienne conviaient la France depuis sept campagnes. La lassitude était générale, et Voltaire
n'avait pas manqué d'en prendre prétexte pour
revenir à son ancien rôle d'agent pacificateur.
Dès les premiers avis d'entente, il avait adressé

au ministre des Affaires Étrangères, alors le duc de Praslin, une lettre dans laquelle il demande instamment la paix (1) : « Si je ne voulais faire entendre ma voix, cher seigneur, je me tairais dans la crise des affaires où vous étes; mais j'entends la voix de beaucoup d'étrangers : tous disent qu'on doit vous bénir si vous faites la paix, à quelque prix que ce soit. Permettez-moi donc, Monseigneur, de vous en faire mon compliment. Je suis comme le public, j'aime beaucoup mieux la paix que le Canada et je crois que la France peut être heureuse sans Québec. Vous nous donnez précisément ce dont nous avons besoin. Nous vous devons des actions de grâces. Recevez en attendant, avec votre bonté ordinaire, le profond respect de Voltaire. »

Cette lettre, qui témoigne de vues pratiques immédiates plus que d'une clairvoyance d'avenir, fut suivie d'une autre qui ne nous est pas parvenue. La réponse du duc de Praslin nous montre qu'elles étaient toutes deux bien inspi-

(1) 6 septembre 1762. Édition Moland, n° 503).

rées de l'esprit du moment et flatteuses pour le destinataire :

« Versailles, ce 14 novembre [1762] (1).

« J'ai reçu, Monsieur, vos deux lettres. Ma réponse à la première a été la signature des préliminaires ; je crois que je ne pouvais guère en faire une meilleure. Je répondrai à la seconde en vous assurant de mon amitié pour votre personne et de mon admiration pour vos ouvrages.

« LE DUC DE PRASLIN. »

Sur l'année 1762 s'achève ce que l'on peut considérer comme la première partie de la correspondance échangée entre le duc de Choiseul et Voltaire. Entamée par eux en prévision d'une conclusion de paix désirable, nous avons vu comment les chances inespérées de Frédéric après des périodes effrayantes de revers en contrarièrent les effets, puis la rendirent inutile. Elle servit du moins à Voltaire, qui mit fréquemment

____

(1) Cette pièce, qui se trouvait intercalée dans la correspondance de Choiseul, est également inédite.

à contribution la bienveillance intéressée de son puissant correspondant. Choiseul en tira quelques distractions et des satisfactions de vanité ; mais la France n'y gagna rien qu'un peu d'esprit dépensé de part et d'autre. N'ayant pu réussir à provoquer trois ans plus tôt une paix qui fût honorable, Voltaire accueillit avec enthousiasme les préliminaires qui devaient aboutir, le 10 février 1763, à la signature définitive. Nous perdions le Canada, la Nouvelle-Écosse, les îles du Saint-Laurent, le Sénégal, Minorque et une partie des petites Antilles ; nous devions évacuer l'Allemagne et raser les fortifications de Dunkerque ; il nous était interdit d'armer nos possessions de l'Inde ; enfin il nous fallait céder la Louisiane à l'Espagne, en dédommagement de Minorque prise par les Anglais.

Ainsi cette paix, conclue par le traité de Paris et dont se réjouissait Voltaire, d'accord avec beaucoup d'esprits de son temps, consacrait notre ruine coloniale ; elle terminait honteusement une guerre longue, inutile et ruineuse, imposée au Roi par une orgueilleuse maîtresse et prolongée par l'aveugle incapacité des Ministres ; elle élevait au plus haut point de grandeur l'Angleterre, qui n'aura pas mis moins d'un siècle et demi à descendre de cet apogée.

DEUXIÈME PARTIE

Il fallait sans cesse à Voltaire une cause à soutenir. Il s'était fait l'apôtre de la paix, l'apôtre des Calas, l'apôtre de ses sujets, sans oublier la défense de ses propres intérêts, et son inlassable activité cherchait encore quelque grand sujet digne de l'occuper. C'est ainsi qu'en cette même année 1762, qui vit enfin se préparer la conclusion de paix si longtemps désirée par le Roi, par les Ministres, par le peuple et par lui-même, il travaillait à l'établissement de Mlle Corneille, à laquelle il donnait l'hospitalité depuis le mois de novembre 1760. Le père de cette descendante du grand Corneille, successivement commis dans les hôpitaux de l'armée, puis facteur de la petite poste de Paris, vivait misérablement des quarante-huit livres par mois que lui rapportait son emploi (1). La jeune fille, qui n'était que l'arrière-petite-cousine du grand tragique (2), avait été recommandée à Voltaire par le poète Le Brun ; d'Argental, qui s'était trouvé chargé de prendre des renseignements sur cette famille, n'en avait envoyé que de satisfaisants, et Voltaire avait alors écrit à Mlle Corneille pour l'inviter à venir aux Délices (3).

Marie-Françoise Corneille avait alors dix-huit ans ; elle était, au dire de Voltaire lui-même, une jeune personne agréable, de bonne mine, mais n'ayant reçu qu'une instruction fort rudimentaire. Elle savait à peine lire et écrire ; il fallait lui donner une éducation plus en rapport avec le milieu intellectuel auquel elle allait être désormais mêlée, et Voltaire lui fit apprendre l'orthographe, les belles manières et l'art difficile des comédiens. Intelligente, elle fit de rapides progrès, et Voltaire avait pu dire, peu de temps après

(1) On lui fit obtenir un bureau de tabac à Évreux.

(2) Le père de Mlle Corneille, Jean-François, avait pour aïeul un avocat rouennais portant le même prénom que le grand Corneille, mais simplement cousin de celui-ci.

(3) Le 22 novembre 1760. Édition Moland, n° 4345.

son arrivée aux Délices, que Cornélie Chiffon, ainsi qu'il l'appelait, « jouait la comédie comme son grand-père en faisait (1) ». Cependant, non content de l'élever et de lui avoir assuré une petite rente, il désirait la doter richement, et, dans ce but, il avait entrepris les *Commentaires de Corneille*, travail qu'il qualifiait d'immense et qu'il n'acheva pas sans s'être plaint souvent de sa longueur et de ses difficultés. Pour assurer le succès matériel d'une œuvre qui lui avait coûté tant de peines, il utilisa toutes les ressources de la diplomatie câline et de son génie tenace, et, l'ouvrage mis en souscription, il y intéressa les princes, les banquiers et les particuliers, entre lesquels il ouvrit comme un concours d'émulation. Mme de Gramont, sœur du duc de Choiseul, et le banquier du Roi, de la Borde, devinrent d'ardents propagateurs pour provoquer et recueillir les adhésions. Le Roi s'inscrivit pour deux cents exemplaires, Mme de Pompadour pour cinquante, le duc de Choiseul pour vingt, Voltaire

(1) Lettre à Schouvalow du 24 octobre 1761. Édition Moland, n° 4717.

lui-même pour cent; et les *Commentaires*, commencés en juillet 1761, interrompus par l'achèvement de *Pierre le Grand* et parus en 1764 en douze volumes in-octavo, produisirent cent mille francs, qui furent partagés entre le libraire et Mlle Corneille.

Venant s'ajouter au prestige des deux grands noms de Voltaire et de Corneille, occasionnellement réunis, la perspective d'une belle dot avait vite amené des prétendants à la main de Marie Corneille. L'un d'eux, Colmont de Vaugrenant, fils d'un commissaire des guerres à Chalon-sur-Saône, s'était fait recommander à Voltaire par d'Argental dès le mois de décembre 1761. Bientôt agréé, il était venu faire sa cour à la jeune fille, qui le trouva sombre, peu poli et peu complaisant. Voltaire, qui avait d'abord partagé cet avis, revint cependant de l'impression première et écrivit dans ce sens à d'Argental; mais le père de Vaugrenant avait des prétentions peu accommodantes et Voltaire, désireux d'établir sa pupille, mais non de se ruiner pour elle, voyant que le futur n'avait que des dettes, une compagnie toute préte à être réformée et des parents peu désireux de laisser de longtemps leur fortune en legs à leurs enfants, s'occupa de trouver au futur une position stable et demanda pour lui au duc de Praslin la résidence de Genève. Sa demande fut mal accueillie, et Voltaire rompit alors avec Vaugrenant. « Mes divins anges, écrivit-il à d'Argental (1), si les mariages sont écrits dans le ciel, celui de M. de Cormont et de notre Marmotte a été rayé. »

Mlle Corneille, fort indifférente à Colmont de Vaugrenant, se félicita de cette rupture, qui permit, une dizaine de jours après, la présentation d'un autre prétendant. Celui-ci, Claude Dupuits de La Chaux, cornette de dragons, était, d'après la description de Voltaire, un homme doux, brave, d'une jolie figure, sage et possesseur de dix mille livres de rente; il plut à la jeune Marie, qui se fiança sans déplaisir le 6 février 1763; le contrat fut signé le 9, et le mariage se fit le 12. Au contrat, Voltaire avait

(1) Le 10 janvier 1763. Edition Moland, n° 5133.

eu pouvoir de signer pour l'Académie, pour Mme de Pompadour, M. le duc de Choiseul, Mme la duchesse de Gramont et plusieurs grands seigneurs. Cela avait été de la part du Ministre une occasion de prouver au Philosophe la continuation de son amitié. A la demande de Voltaire, il avait répondu pour lui et pour sa sœur (1) par la lettre suivante :

« Versailles, le 21 février (2) 1763.

« Je vous renvoye ci-jointe, Monsieur, la requête que vous m'avés fait passer; vous deviés être bien sûr qu'il y serait fait droit. Je l'ai communiqué à Mme de Gramont, qui vous prie instament, ainsi que moi, de vous regarder comme autorisé par la présente à signer pour nous au contrat de Mlle Corneille, nous soumettant ma

(1) Béatrix de Choiseul-Stainville, née à Lunéville en 1730, avait épousé le duc de Gramont en 1759. Elle exerçait une grande influence sur son frère, qui, dit-on, avait pour elle une amitié plus que fraternelle.

(2) Cette date, que nous laissons telle que nous l'avons trouvée sur la copie originale, doit avoir été mal lue; le contrat avait en effet été dressé le 9 de ce même mois de février.

sœur et moi, dans le cas où cela serait jugé nécessaire, à passer acte par devant notaires à la
première réquisition qui nous en sera faite,
portant que c'est avec grand plaisir et de notre
propre mouvement que nous vous avons priés de
signer en nos noms le contrat de Mlle Corneille,
et de l'assurer du désir que nous avons, l'un et
l'autre, de trouver des occasions de lui donner
des marques plus essentielles de l'intérêt que
nous prenons à son bonheur.

« Ma sœur m'a dit être entrée avec vous dans
quelques détails relatifs à cet établissement ; j'ose
croire qu'elle ne proposera rien qui puisse nuire
aux vües que vous avés de procurer à Mlle Corneille tous les avantages dont son nom la rend
susceptibles.

« Vous connaissés les sentimens, etc. »

C'est un des caractères de la correspondance
de Choiseul avec Voltaire que de nous montrer
comment les esprits du dix-huitième siècle, et particulièrement Choiseul, passaient des questions
les plus frivoles aux questions les plus graves

sans même changer de ton. Mlle Corneille ou le Canada ; le libelle sur la Tolérance ou la Guyane fournissent à Choiseul une matière épistolaire sur laquelle s'exerce indifféremment son inconsciente légèreté.

Pour remplacer le Canada, cette terre si française dont le traité de Paris venait de consacrer la perte, le duc de Choiseul et son cousin le duc de Praslin avaient, d'après les conseils du chevalier de Turgot, décidé de fonder sur les bords du fleuve Kourou, en Guyane, un nouvel établissement auquel ils donnèrent le nom de France équinoxiale ; ils en nommèrent gouverneur le chevalier de Turgot et M. Thibaut de Chauvalon intendant général ; puis ils demandèrent des colons à l'Alsace, à la Saintonge, à la Lorraine, et, pour que ceux-ci pussent trouver en arrivant en Guyane le terrain préparé et des habitations construites, ils firent partir d'abord le commandant de la colonie, M. de Préfontaine, avec trois bâtiments, cent vingt-sept colons et les vivres et les outils nécessaires à leur subsistance. Ce convoi arriva à Cayenne le 14 juillet. Le premier soin du Gouvernement, lors des études préparatoires et bien avant aucun commencement d'éxécution, avait été la concession aux ducs de Choiseul et de Praslin de toutes les terres comprises entre la rive gauche du Kourou et la rive droite du Maroni. C'étaient environ cent soixante kilomètres qui leur étaient livrés en toute propriété, pour eux et leurs successeurs, avec droit de pêche et de chasse et tous les privilèges accordés aux vice-royautés (1). Cette attribution, qui en cas de réussite eût fait aux Ministres une part presque royale, est contestée par Choiseul; il se défend de toute acceptation dans la lettre suivante, dont nous signalons la contradiction flagrante avec les pièces officielles; il affirme, en effet, n'avoir pas même reçu un pouce de ces terres, vierges encore et qui devaient rester provisoirement vierges après avoir coûté des milliers d'existences humaines et des mises de fonds énormes.

(1) *Précis historique de l'expédition du Kourou, 1763-1765.* Paris, 1842, in-8°. Pages 14 et suivantes.

« A Versailles, ce 27 juillet [1763].

« Madame de Pompadour, madame de Gramont, tout ceux qui ont lu, ou liront le livre de
votre prêtre (1), en ont été enchantés ; chacun se
dit après l'avoir lû : Il faut convenir qu'il a raison,
et j'ai toujours pensé de même ; je me garde
bien de vous dire mon avis sur le fond de la
matière (car le livre m'a fait un plaisir infini à
lire).

« J'ai eu la fantaisie sur ce que, pendant la
guerre et à la paix, j'entendais dire fort haut aux
Anglais que les terreins en Amérique étaient précieux, de faire habiter et cultiver un terrein admirable de ce pays qui réunit tous les avantages des

(1) Le *Traité sur la Tolérance à l'occasion de la mort de
Jean Calas*, écrit en 1762, revu et achevé en 1763. Voltaire
l'avait fait répandre parmi les personnes qu'il voulait intéresser
à la famille Calas et ne le laissa mettre en vente qu'après le
jugement définitif du procès. Il tenait à ce que le livre ne lui
fût pas imputé et l'avait attribué à un prêtre. C'est ainsi qu'il
écrivait à d'Alembert : « Vous remarquerez, s'il vous plaît, mon
cher philosophe, que l'auteur de la *Tolérance* est un bon prêtre,
un brave théologien, et qu'il y aurait une injustice manifeste à
m'attribuer cet ouvrage. » Lettre du 30 janvier 1764. Édition
Moland, n° 5545.

autres terreins amériquains et qui surpasse par
son étendue et sa température nos colonies
actuelles. J'ai cru que la France pouvait se dédommager de la perte du Canada en établissant
la Guianne ; j'ai démontré jusques à l'évidence
que la Guianne avait des propriétés supérieures
au Canada et que, si l'on voulait, outre le sucre,
le cacao et l'indigo, elle produirait du bléd,
seigle et avoine excellents et servirait de maga-
zin à nos isles du Vent et sous le Vent, qui n'en
produisent pas. Outre les connaissances générales
et positives que je me suis acquis sur cette partie, jai envoyé sur les lieux botanistes, natura-
listes, médecins, cultivateurs, colons, j'entends
possesseurs de grandes terres à Saint-Domingue,
marins, et j'ai réuni avec une attention singulière
toutes les connaissances que l'on peut avoir sur
cette partie. J'ai choisi pour la nouvelle colonie,
que le Roi possède depuis cent ans et où il n'y a
parcouru que des jésuites, les hommes les plus
vertueux et les plus entendus pour être gouver-
neurs et intendans ; nous avons formé un plan
général de population, de culture, de lois et d'ad-

ministration ; alors j'ai présenté au Roi ce plan, et je me suis vanté que dans 4 ans avec des frais considérables, il est vrai, la Guianne française serait vraisemblablement une colonie très utile au royaume et à l'Amérique, qui a de plus l'avantage d'être très facile à garder contre la mer qui est notre faible. Le Roi m'a offert des provinces dans cette étendue de pays, je n'ai pas voulu un pouce de terre ; j'ai pris pour modèle de population ce qu'un Mylord Halifax a fait sous nos yeux en Acadie pendant le court espace de la paix dernière ; j'ai ménagé la métropole, et, ne voulant point de nègres dans ma colonie jusqu'à ce que mes blancs soient biens établis, et jamais si cela est possible, j'ai envoyé des émissaires dans toute l'Allemagne pour engager des familles de ce pays à se transporter dans ma colonie, en leur assurant, à ces familles, des avantages ; mes succès en Allemagne ont passé mes espérances, et, de tout État même noble, il m'est arrivé en 4 mois près de 6 mille familles, ce qui a produit 19 mille personnes. Cette affluence m'a embarassé, parceque je n'avais ni les bâtiments, ni les vivres prêts pour un si grand nombre, mon système étant d'embarquer avec chaque individu tout ce qu'il lui faut en tous genres pour six mois en arrivant à la Guianne, afin qu'il ne soit pas à la charge de la colonie. J'ai donc pensé que, ne pouvant faire filer tous ces Allemands, à qui le Roi donne une paye en France, que successivement en Amérique, il était bon d'en profiter en France et qu'il fallait les distribuer en entrepôt dans le Royaume ; j'ai écrit en conséquence une belle lettre à Messieurs les Archevêques et Évêques du Royaume, aux grosses abbayes ; j'ai tâché de leur faire connaître l'utilité de la population en général et celle des colonies subsidiairement ; je leur ai assuré qu'ils feraient une œuvre méritoire vis-à-vis du ciel et profitable à la France ; j'ai essuyé un refus presque total (1) et me suis attiré une tracasserie énorme, parceque, après avoir

(1) Faisant allusion à ce passage, Voltaire écrivait à Turgot le 24 janvier 1764 : « ... Je pourrais encore porter envie à ceux qui s'en vont à la Guyane, dans le pays d'Eldorado, sous M. le chevalier Turgot. Je sais la manière charitable et empressée dont les évêques et les abbés réguliers de France ont reçu cette colonie... » Édition Moland, n° 5533.

pensé à tout, j'ai oublié qu'il y avait quelque Allemand dans le nombre qui avait le malheur d'être luthérien ; cet inconvénient a produit des... »

Cette lettre, dont la copie est restée incomplète, fut cependant envoyée à Voltaire, qui, dans plusieurs endroits de sa *Correspondance*, parle de l'approbation donnée par Choiseul au traité sur la *Tolérance*. « ... Je me flatte, écrit-il à d'Argental (1), que M. le duc de Praslin et mes anges protègeront cet ouvrage. M. le duc de Choiseul me mande qu'il en est enchanté, ainsi que Mme de Grammont et Mme de Pompadour. Peut-être qu'un jour ce livre produira le bien dont il n'aura d'abord fait voir que le germe. » En attendant, le livre, qui devait être brûlé à Rome deux ans plus tard (2), était déjà l'objet d'une sévère interdiction ; on l'arrêtait à la poste et on le brûlait ; Voltaire s'en étonne :

(1) Cette lettre, n'étant pas datée, fut placée par les éditeurs de la *Correspondance* de Voltaire au mois de novembre 1763. Elle nous paraît antérieure, car elle se rapporte exactement à la lettre de Choiseul du 27 juillet.

(2) Il fut condamné le 3 février 1766.

« ... Mais je demande comment un livre qui a eu le suffrage de mes anges, de M. le duc de Praslin, de M. le duc de Choiseul, de Mme la duchesse de Grammont et de Mme de Pompadour, peut être regardé comme un livre dangereux (1). » L'avis de l'auteur anonyme n'était partagé ni par le clergé, ni par le Parlement, et les poursuites contre la *Tolérance* continuèrent, malgré les patronages illustres invoqués par Voltaire. C'était pour celui-ci un nouveau grief contre la première Assemblée constitutive du Royaume ; il réunissait alors, sous forme de Notes, les matières nécessaires pour son *Histoire du Parlement de Paris* (2), et ce sont ces notes dont Choiseul réclame l'impression :

« A Versailles, ce 20 septembre [1763].

« Je vais écrire à M. de Burlamaqui, gouverneur de la Guadeloupe, pour lui recommander

---

(1) Dans une lettre à d'Argental du 8 janvier 1764. Édition Moland, n° 5518.

(2) Voltaire la fit paraître en 1769, sous ce titre : *Histoire du Parlement de Paris*, par M. l'abbé Big. Amsterdam, deux volumes in-octavo.

fortement *votre ami le corsaire* Rieux (1), et je vous assure qu'il sera très bien traité dans ce pays.

« *Votre ami le roi de Prusse* ne nous fait pas dire un mot; je crois qu'il ne désire pas que la confiance et la cordialité renaissent entre la France et lui, et nous, qui sommes fiers, nous nous tenons dans la même réserve. Dalembert est revenu (2), je ne l'ai pas vû; c'est un génie trop sublime pour moi; d'ailleurs, depuis que j'ai lû son livre sur les Gens de lettres (3), je ne sais pas quelle contenance on doit avoir avec lui dans une chambre.

(1) Henri Rieux, né en 1721 ; il avait servi dans les troupes de la Compagnie des Indes et avait reçu, à la suite de différentes aventures de mer, le surnom de *Corsaire*. Sur la fin de ses jours il se retira à Genève et vécut dans l'intimité de l'entourage de Voltaire. Celui-ci en lui écrivant l'appelait presque toujours : Mon cher corsaire.

(2) D'Alembert était allé à Berlin sur les sollicitations de Frédéric II et était resté pendant quelques mois à la cour de Prusse; il venait de rentrer à Paris.

(3) *Essai sur la société des gens de lettres et des grands, sur la réputation, sur les Mécènes et sur les récompenses littéraires.* Vigoureuse attaque contre les littérateurs qui s'abaissent au rôle de familiers des grands.

« Je voudrais que vous fissiés imprimer les nottes que vous m'envoyés sur les Parlemens. Pareilles recherches, venant de vous, feraient plus d'impression dans le public que si elles étaient publiées par le Ministère ; le Cardinal de Mazarin disait : Qu'ils chantent, pourvu qu'ils payent ; dans ce tems-ci l'on pourrait dire : *Qu'ils remontrent.* Mais en tout je crois que l'on ne s'entend pas ; la question est cependant simple ; quand l'on doit, il faut payer ; l'opération de finance la plus injuste et la plus dure est celle de la banqueroute ; pour payer il faut de l'argent, et pour en avoir il faut imposer ; l'on ne peut remontrer, quand l'on est citoyen et que l'on connait les dettes, que sur la forme de l'imposition, car la quantité est démontrée nécessaire ; or, sur cette forme, il faut, en la désapprouvant, en proposer une autre qui produise le même acquittement, sans quoi l'on dit des mots vides de sens et qui ne servent qu'à affaiblir le crédit public en troublant l'esprit de créanciers. Adieu, ma chère Marmotte, je vous embrasse de tout mon cœur. »

La *Tolérance* ne devait pas être le dernier ouvrage de Voltaire qui provoquât des poursuites. Vers le milieu de l'été 1764 parut un petit livre intitulé : *Dictionnaire philosophique portatif*. Véritable ouvrage de combat, ce livre ne tarda pas à être interdit et brûlé partout; il ne s'en répandit pas moins en éditions de tous formats et qui s'augmentaient, à chacune d'elles, de nouvelles matières. Devant l'interdit prononcé, l'auteur, suivant son habitude, protesta avec énergie contre l'attribution à lui faite de la paternité du *Portatif* et, le dénonçant lui-même comme dangereux, en demanda l'anéantissement par les mains du bourreau. Ses défenses, ses protestations et ses lettres accusatrices ne pouvaient persuader que les dupes volontaires; le duc de Choiseul se défend d'être de celles-là :

« Ce 27 [octobre 1764].

« Pourquoi diable vous démenés-vous, Suisse Marmotte, comme si vous étiés dans un bénitier? On ne vous dit mot, et certainement l'on ne veut vous faire aucun mal; vous désavoués le livre sans que l'on vous en parle, à la bonne heure ; mais vous ne me persuaderés jamais qu'il n'est pas de vous ; le silence sur cet ouvrage était très prudent ; vos lettres multipliées sont une preuve de plus qu'il est de vous et que vous avez peur.

« Soyés tranquille, et tout le sera à votre égard ; mais ne nous prenés ni pour des absurdes, ni pour des persécuteurs ; en mon particulier regardés-moi comme le serviteur de la Marmotte. »

Cette lettre ne rassura qu'à demi le philosophe Voltaire, précisément parce qu'elle lui dictait le plan de conduite le plus sage dont ce n'était plus temps pour lui de profiter. Il en parla à Mme d'Argental dans une lettre (1) du mois de novembre : « ... Pour M. le duc de Choiseul, il m'a écrit : « Vieux suisse, vieille marmotte, « vous vous agitez comme si vous étiez dans un « bénitier, et vous vous tourmentez pour bien peu « de chose. » Je ne suis pas tout à fait de son avis. » Cependant la dernière phrase du Duc lui

____

(1) Édition Moland, n° 5835.

avait semblé digne d'être conservée, et dans une autre lettre (1), celle-ci adressée à M. Moultou (2), il écrit : « N'oubliez pas, mon cher Philosophe, ce mot mémorable qu'un grand ministre m'écrit : *Nous prenez-vous pour des gens absurdes et pour des persécuteurs ?* »

Tout en bataillant de la sorte, Voltaire ne perdait pas le fil de ses intérêts et ne négligeait pas non plus les affaires de sa nouvelle famille. Le mari de Mlle Corneille, M. Dupuits, avait été compris pour la réforme et, désireux de continuer à servir, avait fait demander par son père adoptif une compagnie de dragons. Naturellement Voltaire avait commencé les démarches en s'adressant au duc de Choiseul, ce qui ne l'avait pas empêché de présenter en même temps d'autres demandes relatives aux libertés réclamées avec insistance par le pays de Gex. Écrasé d'impôts, ce petit pays se trouvait à la merci

(1) Du 9 novembre 1764. Édition Moland, n° 5817.

(2) Paul Moultou. Ministre protestant à Genève et malgré son titre évangélique très aimable philosophe. Il entretint une correspondance avec Voltaire de 1762 à 1776.

des traitants et des commis qui le pillaient a
nom du Roi :

« A Paris, ce 4 janvier [1765].

« Je ferai, ma chère Marmotte, ce que je pourai
pour M. Dupuis; il est votre gendre putatif et a,
par ce motif, droit à mon intérêt.

« Je voudrais bien faire quelque chose de ce
petit pays de Gex, je crois que celà est possible,
et certainement ce ne sera pas ma bonne volonté
qui manquera, mais il y a une liberté première
sans laquelle l'on ne fera rien, et je ne suis pas
le maître de cet article, redevance.

« Je me garderai bien de nous mettre en aussi
mauvaise compagnie que celle des juifs; outre
qu'ils sont vilains et crasseux, ils ne peuplent
pas à profit pour l'État.

« Gardés-vous de la corruption de toutes ces
sectes impies, ainsi que des sottises des Génevois,
qui ont fait naître un projet qui tôt ou tard les détruira; portés-vous bien, soyés gaillard, écrivés à
nous et pour nous; aimés-moi, voilà ce que je souhaite de vous, cette année et encore mille autres. »

Il est probable que ce fut au reçu de cette lettre que Voltaire, en diplomate habile, écrivit à Mme de Gramont (1) pour obtenir son appui, et qu'il ne craignit pas de falsifier, à l'avantage de sa demande, le texte de Choiseul qu'il trouvait sans doute insuffisamment empressé. Dans sa lettre à cette dame, il dit en effet : « ... Monseigneur le duc votre frère, quand je pris la liberté de lui représenter la rage que ce jeune homme avait de continuer le service, daigna m'écrire : *Adressez-vous à ma sœur, c'est à elle que je remets tout ce qui regarde votre petit Dupuits.* C'est donc vous, Madame, dont je réclame la protection, en vous assurant sur ma pauvre vie qu'on ne sera jamais mécontent de Pierre Dupuits, mari de Françoise Corneille. »

Habilement Voltaire en référait à la duchesse de Gramont, car il venait d'être averti que le crédit des Ministres se trouvait momentanément atteint par les désastres de l'expédition de Kourou. L'incurie des directeurs et le manque

(1) Le 14 janvier 1765. Édition Moland, n° 5881.

absolu d'organisation avaient fait échouer tout essai préliminaire de défrichement et de constructions. Le premier convoi, commandé par M. de Préfontaine et qui était destiné à préparer le terrain pour les dix-neuf mille colons réunis par Choiseul, n'avait rien fait encore lorsque, le 22 décembre 1763, arrivèrent onze bâtiments sous les ordres de l'intendant général de la colonie, M. de Chauvalon. Ils amenaient quatre cent vingt-neuf émigrants, suivis bientôt de quatre cent treize autres en mars 1764, de quinze cent soixante-quatre en avril, de neuf cent soixante en mai, et M. de Chauvalon se vit bientôt à la tête de neuf mille colons, sans que rien, abris ou vivres, fût prêt à les recevoir. Devant cet état de détresse des nouveaux habitants de la France équinoxiale, le Gouvernement se décida à agir par lui-même et, pour commencer, fit partir, à la fin de décembre 1764, le chevalier de Turgot, qui, peu désireux de connaître par lui-même les bords du Kourou et bornant les charges de ses fonctions de gouverneur à l'expédition des colons, s'était contenté jusqu'alors d'envoyer ses ordres sans se préoccuper de la façon dont ils seraient exécutés. Il ne resta pas longtemps à la Guyane, et, dès le mois d'avril 1765, il repartit pour la France, après avoir autorisé le retour des neuf cents émigrants survivants. Il rapportait au Roi le compte rendu du désastre dont son incapacité avait été la principale cause.

C'était là matière à donner de l'humeur au Ministre, et, dans la lettre suivante écrite avant le retour de Turgot, nous voyons que les premières nouvelles défavorables l'avaient suffisamment affligé pour qu'il ne cherchât pas à cacher à Voltaire son regret d'avoir été trompé :

« Ce 3 avril [1765].

« Il est vrai que j'ai eu du chagrin pour ma colonie de Cayenne ; des sots, des fripons, et pis que tout cela des ignorants qui croyaient en savoir beaucoup, m'ont entraînés dans de fausses démarches ; je suis corrigé, ce n'est pas une matière aisée à traiter que celle des colonies ; j'apprends tous les jours que je suis plus ignorant que je ne croyais la veille; à force d'application j'arriverai au bien, à ce que j'espère, sans en retirer aucun honneur, car je sais que le bien n'en fait pas et que le mal produit beaucoup de critique.

« L'histoire du canton de Schvitz (1) fait plus d'honneur à ce canton qu'il ne mérite ; nous n'avions d'eux que 76 hommes à notre service ; ils reviennent tous successivement, le canton reviendra aussi, et, si il ne revient pas, nous aurons ses hommes et il n'aura pas nos pensions.

« Les bruits qui ont courus doivent courir parce que l'envie doit parler ; ils n'avaient aucun fondement réel ; mais je suis moi-même de la cabale, car, de bonne foi, ce qui serait le plus heureux pour moi serait de n'avoir

(1) Choiseul y fait allusion dans son *Mémoire* envoyé au Roi en 1765. Lors des changements qu'il introduisait dans la composition des régiments suisses, jusque-là composés de soldats de toutes nations, le canton de Schwitz seul n'avait pas voulu consentir à la formation nouvelle, c'est-à-dire, deux tiers de chaque compagnie composés de Suisses et l'autre tiers d'Allemands. Voltaire parle de ce canton dans une lettre à M. de Cideville du 20 mars 1765 : « ... On dit que messieurs du canton de Schwitz ont fait d'énormes insolences contre le roi ; ces petits cantons là sont un peu du xıv° siècle. » Éd. Moland, 5952.

de chaînes que celles de la reconnaissance.

« M. de Villette (1) a de l'esprit, mais cet esprit est renfermé dans une mauvaise tête; si cependant il avait un bon cœur, il n'y aurait rien de perdu. Je ne le connais pas; il est entièrement à la disposition de son père, et je donnerai volontiers mon consentement à tout ce que son père demandera pour lui.

« Vivés heureux, tranquille, ma chère Marmotte, ne vous embarrasés ni des jésuites, ni des Parlemens, ni des hypocrites, ni des enciclopédistes, ni des philosophes, ni des persécuteurs; vivés pour vous, pour votre gloire, pour votre agrément et pour vos amis; voilà la vraie philosophie que je vous souhaite. »

La pitoyable tentative coloniale du cabinet de Versailles devait donner aux adversaires de ce

(1) Charles, marquis de Villette, fils d'un trésorier des guerres, et lui-même maréchal général de la cavalerie à la fin de la guerre de Sept ans, s'était alors lancé dans le monde. Riche, débauché et poète, il était vite devenu l'homme à la mode; il avait été présenté à Voltaire par sa mère en 1765 et se trouvait à Ferney en mars et avril de cette même année.

cabinet de nouvelles armes contre lui. On avait
dépensé des millions, entassé les cadavres, détruit des familles entières pour arriver à l'aban-
don total de l'expédition. Les plus sévères cri-
tiques n'étaient que trop justifiées, et l'on ne
saurait taxer d'exagération ces quelques lignes
par lesquelles d'Alembert résume son opinion (1) :
« ... Que dites-vous de la belle colonie de
Cayenne, pour laquelle on a dépensé des sommes
immenses? On y a envoyé, il y a dix-huit mois,
quatorze mille hommes, dont il ne restait plus
que quinze cents il y a trois mois ; on va ramener
tout ce qui reste, et peut-être n'en reviendra-t-il
pas six cents. Que le roi est à plaindre d'être si
indignement servi, lorsqu'il mérite tant de l'être
bien !... » Ces lignes, adressées à Voltaire, furent
connues de Choiseul, qui, nous allons le voir,
les releva avec une vivacité et une sincérité rares
chez les gouvernants. Les comptes rendus officiels
de l'expédition lui donnent, du reste, pleinement
raison, et fort probablement, si l'on avait suivi

(1) Dans une lettre à Voltaire du 27 avril 1765.

dans l'exécution les ordres formels des Ministres responsables, la réussite de l'expédition eût peut-être été longue, mais ne se serait pas changée aussi vite en une ruine irréparable :

« A Marly, ce 3 may [1765].

« Mon cher Suisse, l'on ne peut pas donner à présent la croix du mérite, parceque nous avons résolu de ne donner de notre orviatan qu'en 1768 ; l'on a remarqué avec raison que cette drogue était infiniment meilleure gardée que prodiguée. Je vous écrirai sur cet objet une lettre de bureau.

« Il est vrai que j'ai été trompé en partie sur Cayenne, non pas sur la bonté du sol, ni sur les moyens de le rendre utile et ses habitans heureux, mais sur la manière dont on a exécuté les plans les mieux combinés. Quoiqu'on en dise, mon cher Suisse, ce n'est pas la faute de l'administration si l'on ne se conduit pas à Kourou comme il a été combiné et ordonné à Versailles, et tous les philosophes de l'Europe, dont je veux bien être le protégé, ne me persuaderont pas

qu'on doive respecter leurs avis quand ils condamnent d'une manière assés commune, quoi
que dogmatique, un événement dont-ils ne connaissent ni le fondement ni la suitte. Il est vrai
que quand le grand philosophe d'Alembert a
parlé, il faut se soumettre; il est encore plus vrai
que son petit livre de la *Destruction des Jésuites* (1)
a quelques traits assés bien vûs et *passablement*
écrits; le reste est un composé de dictum et de
plattes plaisanteries, et principalement il règne
dans les deux tiers du livre, je vous en demande
pardon, cher Suisse, un ridicule affreux pour
la philosophie qui se trouve le mobile de tout
ce qui se passe dans le monde. La vanité du
grand D'Alembert me pùe au nez. Je ne sais
pas pourquoi je vous entretiens de ce verbiage; je vous demande pardon, c'est que j'ai
de l'humeur, et l'on ne se contraint pas avec
ses amis, surtout quand ils vous gardent le
secret. »

---

(1) Lettres de d'Alembert sur la *Destruction des Jésuites*,
adressées à M. de ***, conseiller au parlement de ***, par
un auteur désintéressé. 1765, in-douze.

Les erreurs auxquelles Choiseul fait allusion dans la lettre précédente sont relatives à son administration des Colonies ; il les a confessées ailleurs (1) en termes d'une énergique sincérité et qui méritent d'être reproduits :

« J'ai de plus, sous ma direction, les colonies. Cette matière n'est pas aussi satisfaisante pour moi à mettre sous les yeux de Votre Majesté. J'ai fait dans cette partie, ainsi que dans les autres, beaucoup de changements ; mais ils ont presque tous mal réussi ; je me suis trompé et sur les choses et sur les hommes. J'ai engagé Votre Majesté dans des dépenses considérables en pure perte. De sorte que vos colonies, Sire, sont peut-être en plus mauvais état qu'elles n'étaient en 1755, quoique vous y ayez dépensé plus que vous n'avez dépensé à cet objet pendant l'autre paix. Mes fautes viennent que j'ai été instruit on ne peut pas plus mal du local par le bureau que j'ai trouvé

____

(1) Dans le *Mémoire justificatif de ses différents ministères,* qu'il adressa au Roi à la fin de 1765. Ce *Mémoire* très intéressant a déjà été publié par M. Ch. Giraud dans le *Journal des savants,* année 1881, page 171.

établi ; qu'à cette mauvaise instruction j'y ai
ajouté des idées de moi, qui portaient à faux
puisque j'étais mal instruit. J'ai voulu établir en
Amérique un système d'Europe ; j'ai fait choix
des sujets pour gouverner, qui m'ont jeté dans
des écarts épouvantables ; les uns étaient intéressés, les autres despotiques, ignorants et dérai-
sonnables ; un, tel que M. d'Estaing, à qui je
croyais un talent supérieur, n'est qu'un fol, et un
fol dangereux ; son intendant pour le moins un
fripon ; M. Turgot est un fol et fripon en même
temps. Enfin le désordre dans cette partie a été
extrême, j'en ai eu de grands chagrins. »

Ces erreurs allaient avoir malheureusement
de graves conséquences pour la France ; elles
créaient au Ministre de cruels soucis et le ren-
daient plus sensible aux attaques. Celles de
d'Alembert l'irritèrent particulièrement et jus-
tifièrent la rancune qu'il en conserva. La *Destruction des Jésuites*, en mécontentant la Cour,
fut au Ministre un prétexte tout naturel pour
justifier son ressentiment, et l'on comprend
qu'il fit attendre à d'Alembert la pension laissée

vacante par la mort du géomètre Clairaut, et lui revenant de droit. Cette pension s'élevait à trois ou quatre cents livres; elle était fort désirable, et d'Alembert se plaignait à Voltaire qu'on la lui eût fait attendre pendant six mois (1). Elle ne lui fut délivrée qu'en novembre, et encore Choiseul, ainsi qu'en témoigne la lettre suivante, ne voulut-il pas laisser supposer qu'il y eût trop de part :

« A Versailles, ce 26 décembre [1765].

« Je n'ai point eu de mérite, mon cher Suisse, à la pension de D'Alembert; je ne veux point me jacter à l'occasion de ce grand personnage ; quoiqu'il pense que tous les événements de ce monde roulent sur l'opinion de sa tête, je ne me soucie point du tout de son opinion et je hais à mort la vanité et la présomption philosophique, quelque sujet que l'on ait d'en avoir. Quoiqu'il en soit, M. de Saint-Florentin (2)

(1) Lettre du 22 novembre 1765.

(2) Louis Phélipeaux, comte de Saint-Florentin, puis duc de la Vrillère en 1770. Ministre d'État, membre de l'Académie des sciences et de celle des inscriptions. Né en 1705, mort en 1777.

était très disposé quand je lui ai parlé, et je n'ai fait qu'enfoncer une porte ouverte. »

Voltaire, qui ne gardait pas volontiers pour lui les confidences, qu'elles fussent agréables ou désagréables aux autres, s'empressa d'écrire à Damilaville (1) : « M. le duc de Choiseul m'a écrit, mon cher frère, qu'il avait parlé pour la pension de M. d'Alembert, qu'il n'y avait nul mérite, et qu'il n'avait été qu'un enfonceur de portes ouvertes. Voilà ses propres paroles; je vous prie instamment de les rapporter à notre cher philosophe... »

Depuis que la correspondance n'avait plus un but précis, il fallait de ces occasions pour que Choiseul, triomphant de son indolence, écrivît à Voltaire ; il répondait à des demandes, donnait le résultat de démarches sollicitées de sa bienveillance, mais laissait tarder ses réponses ; toujours impatient, Voltaire réclamait et ne ménageait pas ses lettres.

(1) Le 3 janvier 1766. Édition Moland, n° 6215.

Une seule nous est parvenue pour l'année 1766 ; les éditeurs la classent à tort au mois de février (1), et ce n'est pas celle à laquelle Choiseul fait allusion dans le billet suivant :

« Ce 12 avril [1766].

« Je ne vous avais pas répondu parceque ma sœur a gardé votre lettre, l'a fait courir, et qu'il n'y a que peu de jours qu'elle m'est revenue ; je vous demande pardon de ma négligence ; j'ai d'ailleurs été malade ; je suis ici comme le cocher de l'*Avare*, tantôt en souquenille, tantôt en tablier ; je fais ce que l'on veut, je sacrifie ma maîtresse à mon cousin ; j'ai le cœur le plus facile, je voudrais bien, pour moi et pour les affaires, avoir l'esprit de même. Je ne suis point un .... (2), mais je suis votre serviteur le plus tendre ; je vous prie de n'en pas douter, mon cher Suisse. »

(1) Elle est évidemment postérieure, car elle contient la réponse justificative à des reproches formulés dans une lettre de Choiseul du 12 mai. Voir aux pièces justificatives.

(2) Le mot est en blanc dans la copie originale.

Voltaire avait reçu le billet par l'intermédiaire de M. Hennin, alors résident à Genève (1), avec lequel il était en correspondance. Sous couleur de glisser une flatterie, il ne manque pas de faire valoir auprès du subordonné (2) le ton familier dont usait à son égard le puissant Ministre : « Vous m'avez envoyé, Monsieur, une drôle de lettre de M. le duc de Choiseul. Il me mande qu'il est comme le cocher de l'*Avare*, qui met tantôt sa souquenille et tantôt son tablier. Comment peut-on avoir le temps d'avoir de l'esprit et de badiner, quand on a de si lourds fardeaux à porter? Mais, vous autres ministres, vous êtes supérieurs aux affaires... »

Supérieur ou non aux événements, Hennin était en ce moment même fort occupé des troubles qui agitaient la ville de Genève et que compliquaient chaque jour de nouvelles causes de conflits. Le premier grief avait été la condamna-

(1) Il avait remplacé M. de Montpéroux en septembre 1765.
(2) Dans une lettre du 17 mai 1766. Édition Moland, n° 6342.

tion de l'*Émile* (1) par le Conseil de la ville. Irrité contre la patrie qui répudiait son œuvre, Rousseau avait renoncé bruyamment à son droit de bourgeoisie, et cette abdication était devenue le signal d'un partage en deux camps des citoyens génevois : d'un côté les partisans du Conseil et de l'aristocratie, les *Négatifs;* de l'autre les amis de Rousseau partisans des principes démocratiques ou *Représentants*. Sur cette querelle s'en était greffée bientôt une autre, celle des *Natifs*. Descendants des réfugiés français qu'avait chassés l'Édit de Nantes, ils n'avaient pas, quoique nés à Genève, le titre de citoyens et se trouvaient exclus de toutes participations aux affaires publiques. Payant les impôts et considérés cependant comme étrangers, ces Natifs crurent le moment propice pour réclamer leurs droits à la faveur de la lutte engagée entre *Représentants* et *Négatifs*. Déjà les premières dissensions avaient pris le ca-

---

(1) L'*Émile* et le *Contrat social* parurent en 1762. Rousseau dut se retirer en Suisse, en juin de la même année, devant les poursuites et la menace d'emprisonnement qui avaient été pour lui l'immédiat résultat du livre.

ractère d'aigreur et de violence ; le gouvernement français s'était décidé à intervenir, et le débat avait été soumis à la double médiation de la France et de la Suisse. C'était pour Voltaire une belle occasion de jouer un rôle ; il ne manqua pas de se présenter comme conciliateur, et ce fut à lui que les *Natifs* s'adressèrent pour la rédaction de leur requête revendicatrice. « Ces jours passés, explique-t-il dans une lettre au chevalier de Taulès (1) du 1ᵉʳ mai 1766 (2), les natifs vinrent me prier de raccourcir un compliment ennuyeux qu'ils voulaient faire, disaient-ils, à messieurs les médiateurs ; je pris mes ciseaux d'académicien, et je taillai leur compliment. Ils me montrèrent ensuite un Mémoire qu'ils voulaient présenter ; je leur dis qu'il ne valait rien, et qu'il fallait s'adresser au conseil. »

(1) **Jean de Taulès.** Il était entré dans les gendarmes du Roi en 1754, puis, quelques années après, dans les bureaux des Affaires étrangères. En 1766, il était secrétaire de M. de Beauteville, envoyé comme médiateur au nom de la France dans la ville de Genève. Le chevalier de Taulès fut en correspondance avec Voltaire de 1766 à 1768.

(2) Édition Moland, nᵒ 6330.

Son ingérence dans des affaires qui n'étaient ni de son ressort, ni de sa compétence, devait lui attirer des difficultés, aussi bien de la part du parti qu'il voulait servir que de la cour de France, peu désireuse de voir le brouillon Voltaire entre elle et les parties en litige, et Choiseul lui écrit pour le mettre en garde contre des ennuis probables :

« A Versailles, ce 12 mai 1766.

« Ma chère Marmotte, votre guerre de Genève m'ennuye à mort, et sur tout les démagogues, ce qui en français veut dire bourgeois ; je trouve que l'ambassadeur du Roi (1) joue dans cette ville un personnage peu séant ; j'aurais cru qu'à son premier mót le calme devait être rétabli ; il ne l'est pas ; il faut qu'il se taise et s'en aille, ou bien qu'il fasse entrer des troupes pour mettre tout le monde à la raison. Vous avés mal fait de mettre en français le compliment des neutres ; on s'en est plaint à moi. Ne vous mêlés point de

(1) En 1766, le médiateur envoyé par la France à Genève était Pierre de Buisson, chevalier de Beauteville.

toute cette querelle; voyés la de votre tour, comme on la voit des capitales, et vous n'en aurés pas d'ennuie; d'ailleurs il est toujours plus sage de ne point entrer dans la querelle des grands et des petits. Ne parlés point de ma lettre; car je serais fâché que le Conseil, les démacoques, les neutres et Messieurs les médiateurs sçûssent que j'écris sur ce qui les regarde. Je m'étais imposé de ne pas vous écrire tant que cette affaire durerait, mais au fond, parce que Genève se perd, est il juste que j'aye l'air d'oublier mon ami qui me promet d'être discret? »

En même temps qu'il avait provoqué la discorde à Genève, Rousseau avait entamé la lutte contre le philosophe de Ferney, qu'il estimait sans avoir jamais pu l'aimer et qu'il considérait comme un intrus dans son pays natal. Malgré certaines tentatives de réconciliation dont Voltaire avait pris l'initiative, la haine de Rousseau, véritable manie de la persécution, tournait à l'acharnement, et les deux adversaires désor-

mais irréconciliables se harcelaient d'écrits injurieux et d'exaspérantes railleries.

Pour répondre aux sarcasmes, Voltaire
n'avait qu'à relever dans la vie de son nouvel
ennemi les inconséquences et les contradictions
flagrantes d'actions ou de doctrines. Il ne craignait pas de remonter aux années déjà éloignées
pendant lesquelles Rousseau, cherchant un métier et le pain quotidien, avait tenu divers em-
plois, parmi lesquels un secrétariat d'ambassade à
Venise sous les ordres du comte de Montaigu(1).
Le Comte, incapable jusqu'à la nullité complète,
abandonnait le soin de sa correspondance à
Rousseau, qui restait seul chargé de répondre
aux Cours étrangères et même à la France. Mais,
tout en réclamant de lui de tels services, il trai-
tait son secrétaire comme le moindre de ses su-
bordonnés et poussa la brutalité jusqu'à le frap-
per d'un bâton. Après une scène plus vive que les
autres, Rousseau se décida à quitter l'ambassade

(1) Le comte de Montaigu, capitaine aux gardes, puis ambassadeur à Venise, eut Jean-Jacques Rousseau pour secrétaire en
1744 et 1745.

pour rentrer en France; mais il dut partir sans
argent, M. de Montaigu ne l'ayant pas payé ; il ne
se fit d'ailleurs pas faute de réclamer et finit par
obtenir son argent à force de lettres et de démarches réitérées; puis, avec l'absence de dignité d'un domestique chassé, battu, mais payé,
il raconta sa mésaventure. Le bruit en revint à
Voltaire, qui vit là une excellente occasion de
libelle, mais qui voulut s'assurer des faits avant
d'engager l'attaque. Il s'adressa donc à l'intermédiaire dévoué de toutes ses sollicitations,
à d'Argental (1), pour obtenir des éclaircisse-
ments sur l'ambassade de Venise. Sa demande
fut transmise et reçut satisfaction, car nous
voyons dans une lettre adressée par lui à M. Hume
le 24 octobre 1766, qu'il critique et cite des passages tirés de lettres diplomatiques adressées par
Rousseau, secrétaire d'ambassade, à M. du Theil,
premier commis des Affaires étrangères (2). Mais
il ne pouvait suffire à Voltaire de posséder des

---

(1) Lettre du 26 auguste 1765. Édition Moland, n° 6094.

(2) Les lettres de Rousseau citées par Voltaire sont des
8 août, 15 août et 11 octobre 1744.

preuves, il fallait pouvoir les produire, et de nouveau il fit appel à d'Argental. Il lui écrit le 7 novembre (1) : « On soutient que Jean-Jacques était secrétaire d'ambassade à Venise, et qu'il avait seul le secret du ministère. M. le chevalier de Taulès m'a apporté les originaux des lettres de Jean-Jacques, où il n'est question que de coups de bâton, et point du tout de politique. Il est avéré que ce grand homme, loin d'avoir le secret de la cour, était copiste chez M. le comte de Montaigu, à deux cents livres de gage. Monsieur l'ambassadeur et M. le chevalier de Taulès sont d'avis qu'on imprime ces lettres pour les joindre à l'Éducation d'Émile... Je conçois bien que la publication de la honte de Jean-Jacques pourrait servir à ramener à la raison le parti qu'il a encore dans Genève, et refroidirait des têtes qu'il enflamme, et qui s'opposent à la médiation. Mais, comme ces lettres sont tirées du dépôt des affaires étrangères, je n'ose rien faire sans le consentement de M. le duc de Praslin et de M. le

(1) Édition Moland, n° 6568.

duc de Choiseul. Je remets cette affaire, mes divins anges, comme toutes les autres, à votre prudence et à vos bontés... »

Le 5 avril de cette année 1766, Choiseul avait repris à son cousin de Praslin le ministère des Affaires étrangères; ce fut donc tout naturellement à lui que la lettre fut transmise, et, ne pouvant accueillir favorablement la demande qu'elle contenait, il en informa lui-même le solliciteur :

« A Bellevue, ce 19 novembre [1766].

« Je ne puis pas, ma chère Marmotte, autoriser que l'on imprime des lettres du dépôt des Affaires étrangères : 1° Ces lettres n'en valent pas la peine, car qui doute que Rousseau est insolent, qu'il a mérité d'être bâtonné, qu'il est humble selon la circonstance, qu'il a été gâté par des seigneurs et dames de ce pays-ci, et que la tête lui a tourné? 2° Ces lettres feront plus de tort à M. de Montaigu qu'à Rousseau. 3° Les Affaires étrangères, si je permettais l'impression, auraient l'air de prendre parti dans une querelle où elles ne doivent point paraître; ainsi, ma chère Marmotte, si mes réflexions vous paraissent justes, persiflés Rousseau, ridiculisés le par d'autres moyens, il y en a sans nombre.

« Je vous remercie des *Commentaires sur le livre des délits et des peines* (1); tout ce que vous faites, ma chère Marmotte, respire l'humanité et l'agrément; voilà ce qui fait que je vous aime. »

Au mois de novembre, Voltaire avait composé une nouvelle tragédie : *les Scythes* (2), qu'il avait terminée en dix jours et qu'il destinait au duc de Choiseul. Désireux de paraître solliciter les conseils du Ministre, qu'il caressait ainsi d'une nouvelle flatterie, il lui adressa le manuscrit de sa pièce à corrections (3). Le Ministre prit au

(1) *Commentaires sur le livre des délits et des peines,* par un avocat de province. Septembre 1766. Le livre fut condamné à Rome le 18 juillet 1768.

(2) *Les Scythes,* tragédie en cinq actes. Voltaire avait voulu montrer les mœurs d'un peuple libre en opposition avec les mœurs des courtisans.

(3) Le 8 décembre, Voltaire écrivait à d'Argental : « ... J'ai envoyé mes *Scythes* à M. le duc de Choiseul. J'ai été bien aise de lui faire ma cour et de réchauffer ses bontés... » Édition Moland, n° 6604.

sérieux son rôle de critique et répondit au Poète
par les observations circonstanciées qui suivent :

« A la Muette, ce 10 décembre [1766].

« Je vous envoye votre pièce ; vous savés que
rien n'est si fautif que mon jugement, puisque je
me suis trompé sur Tancrède. Ces Scythes me
paraissent infiniment meilleurs que nos Cheva-
liers ; la pièce m'a fait en tout un grand plaisir,
le rôle Persan est admirable ; je voudrais qu'O-
béïde fût plus passionnée, qu'elle dît son secret
plus tôt et qu'elle regrettât vraiment son amant
dans les 1ᵉʳˢ actes, en le blâmant de lui avoir mis
la main sous la jupe ; elle paraît au contraire regretter les joujous d'Ecbatane. Il faut à un amant
aussi honnête, aussi courageux, aussi amoureux,
une femme plus passionnée ; il y a des négligences,
dans le style et dans la versification, qui ne vous
conviennent pas ; je ne doute pas qu'en relisant
vous ne les corrigiés ; il n'est pas possible que
ma Marmotte se laisse aller à construire comme
ces petits Messieurs qui ôsent faire des tragédies.

« Il y a quelques vers qui cognent trop le nez

sur les Suisses : enfin je retrancherais les imprécations de Obéïde, *les Hébreux*, etc.

« Je ne donnerais la pièce que dans un an (1), et je vous assure qu'elle aura un succès tel que mérite d'avoir tout ce que produit ma Marmotte, à qui je présente mes hommages en même temps que j'ose lui proposer mes corrections. »

Ces corrections n'avaient nullement froissé l'auteur, qui parle ainsi de sa pièce à Damilaville (2) : « ... Je l'ai envoyée à M. le duc de Choiseul, qui me mande qu'elle vaut mieux que *Tancrède...* » Il s'était mis à la remanier, mais la marche ascendante des troubles génevois vint l'inquiéter dans sa tranquillité, car aux premières querelles, dont il avait pu faire le sujet plaisant d'un poëme héroï-comique intitulé *la Guerre de Genève* (3), avait succédé la violence, et, las d'user

(1) Elle fut jouée pour la première fois le 26 mars 1767.

(2) Lettre du 17 décembre 1766. Édition Moland, n° 6618.

(3) *La Guerre civile de Genève, ou les Amours de Robert Covelle*, poëme héroïque en cinq chants, composé en 1767, ne fut envoyé à Paris sous forme de première édition qu'au commencement de 1768.

de moyens de conciliation inutiles, les médiateurs s'étaient résolus à l'emploi de la force. Des
troupes françaises bloquaient Genève, et Choiseul
avait donné des ordres pour que la ville fût sévè-
rement traitée et que le blocus, destiné à
l'affamer, fût tenu avec rigueur. Or ces mesures
coercitives, prises contre des rebelles, coupables
surtout d'avoir repoussé le projet de médiation
du Ministre français, avaient fort embarrassé
Voltaire, qui, par contre-coup, se voyait à la veille
d'être affamé, lui et les habitants de Ferney. Le
duc de Choiseul se trouvait être en la circonstance le recours tout indiqué, car d'un seul mot
il pouvait réparer le mal dont il était l'auteur; le
9 janvier 1767, Voltaire lui écrivit (1) : « Mon
héros, mon protecteur, c'est pour le coup que
vous êtes mon colonel. Le satrape Elochivis
environne mes poulaillers de ses inombrables
armées, et le bonhomme qui cultive son jardin
au pied du mont Caucase est terriblement embarrassé par votre funeste ambition. Permettez-moi

(1) Cette lettre est reproduite *in extenso* à la fin de cet ouvrage.

la liberté grande de vous dire que vous avez le diable au corps. Maman Denis et moi, nous nous jetons à vos pieds. Ce n'est pas les Génevois que vous punissez, c'est nous, grâce à Dieu. Nous sommes cent personnes à Ferney qui manquons de tout, et les Génevois ne manquent de rien. Nous n'avons pas aujourd'hui de quoi donner à dîner aux généraux de votre armée..... Si votre tête repose sur les deux oreillers de la justice et de la compassion, daignez répandre la rosée de vos faveurs sur notre disette..... Nous demandons un passe-port signé de votre main prodigue en bienfaits, pour aller, nous et nos gens, à Genève ou en Suisse, selon nos besoins. »

Choiseul ne pouvait résister à ces sollicitations éplorées ; il répondit en termes particulièrement aimables :

« A Versailles, ce 19 [janvier 1767].

« Il est impossible que les moyens de force que l'on employe pour châtier un pays quelconque ne soient injustes pour quelques particuliers ; il est difficile que quelques coupables n'évitent dans les commencemens le châtiment général; mais, à la longue, l'objet se remplit, et je vous assure que dans trois mois d'ici il y aura peu de provisions dans Genève, et que dans un an il n'y en aura plus, si les choses restent au point où elles sont.

« Pour ce qui nous regarde je mande au chevalier de Jaucourt (1) de vous procurer les comodités, aisances, comestibles, dont vous aurés besoin, et de faire pour vous une exception à la règle générale, parceque vous êtes excepté infiniment dans mon cœur. »

Voltaire s'empressa de faire part à M. Hennin du résultat de sa requête (2) : « M. le duc de Choiseul daigne m'écrire du 19, par M. le chevalier de Jaucourt, *qu'il m'excepte de la règle générale, parceque je suis infiniment excepté dans son*

----

(1) Le chevalier de Jaucourt était à la tête des troupes employées à l'investissement de Genève et avait alors le titre de commandant pour Sa Majesté dans les provinces de Bresse, Bugey, Valromey et pays de Gex.

(2) Par une lettre du 30 janvier 1767. Édition Moland, n° 6702.

cœur. Il écrit des choses encore plus fortes à
M. le chevalier de Jaucourt. Enfin, j'ai un
passeport illimité pour moi et pour tous mes
gens... »

Rassuré, Voltaire pouvait désormais regarder
avec désintéressement les batailles dont Genève
se trouvait journellement le théâtre. Il eut même
l'idée d'en profiter pour augmenter sa seigneurie
de Ferney en attirant dans ce village les *Natifs*
qu'il jugeait devoir être bientôt chassés par les
partis vainqueurs. Mais, pour la réussite de ce
nouveau projet, il avait besoin de l'appui sans
cesse sollicité du duc de Choiseul qu'il gagnait à
sa cause par des flatteries habiles. Il savait com
ment le prendre, en le traitant d'homme d'esprit,
de juge compétent, et, s'étant empressé de terminer la correction des *Scythes*, il les soumettait de nouveau à son protecteur en lui recom-
mandant sa terre : « Il sera bien difficile, lui
dit-il, de vivre dorénavant dans le pays de Gex
sans votre protection. Je vous la demande aussi
pour les *Scythes*. Je les ai retravaillés suivant les
judicieuses remarques que vous avez daigné

faire... L'édition ne paraîtra à Paris que quand vous en serez content. Je serai bien flatté si vous pouviez honorer la première représentation de votre présence... Je suis pénétré de vos bontés, elles font ma consolation dans ma misère (1)... »

Les *Scythes*, dédiés au duc de Choiseul, furent joués pour la première fois au Théâtre-Français le 26 mars 1767. Malgré la bonne opinion qu'en avait eue le Duc, elle n'eut pas de succès et ne fut donnée que quatre fois, à la grande colère de l'auteur, qui mit son insuccès sur le compte des acteurs. Nous ne savons si cet insuccès refroidit pour quelque temps le zèle du Ministre à l'égard du Poète ; on pourrait le croire si l'on tenait compte de la lacune qui existe pour cette époque dans la correspondance. Quatorze mois séparent la dernière lettre du duc de Choiseul de celle qui va suivre, et, si ce long intervalle fut réel, c'est-à-dire s'il ne résulte pas de la perte de lettres intermédiaires, il dut sembler singulièrement

(1) Voir cette lettre *in extenso* à la fin du volume. Elle est du 20 février 1767.

long au Philosophe. Cependant, occupé de ses travaux littéraires, notamment d'une nouvelle édition du *Siècle de Louis XIV* et de sa colonie de Ferney, à l'extension de laquelle il travaillait avec ardeur, il parait avoir laissé se produire un même intervalle entre ses lettres. La première que nous retrouvons dans la suite de sa correspondance a même le caractère d'une manœuvre adroite, comme pour amener insidieusement la reprise des anciennes relations interrompues. Sous couleur de fantaisie il compose une épître, telle qu'il la suppose lui venant du duc de Choiseul et dans laquelle il prête à son protecteur les idées et les sentiments qu'il en attend. C'est là un procédé d'insinuante suggestion assez analogue à celui qu'emploierait un amant subtil pour faire cesser la bouderie d'une maîtresse. En tout cas, sous sa forme si particulière, elle se rattache assez intimement à notre sujet pour avoir ici sa place :

Folie à M. le duc de Choiseul (1).

« **16 mars [1768]**.

« J'ai reçu avec satisfaction la lettre de bonne année que vous avez pris la peine de m'écrire, en date du 4 de janvier. Je continuerai toujours à vous donner des marques de mes bontés ; et, quoique vous radotiez quelquefois, j'aurai de la considération pour votre vieillesse, attendu que je connais votre sincère attachement pour ma personne, et les idées que vous avez de mon caractère. J'ai souvent fait des grâces à des Génevois quand vous m'en avez prié, quoiqu'ils ne les méritent guère. Ils m'ont excédé pendant deux ans pour leurs sottes querelles ; et quand ils ont obtenus un jugement définitif, ils ne s'y sont point tenus : c'était bien la peine que je leur fisse l'honneur de leur envoyer un ambassadeur du roi !

« Je sais que vous avez très bien traité les troupes que j'ai fait séjourner neuf mois dans

(1) Édition Moland, nº 7208.

vos quartiers; que vous avez fourni le prêt à la légion de Condé ; que vous avez eu dans votre chaumière, pendant deux mois, M. de Chabrillant, et tous les officiers du régiment de Conti ; et si M. de Chabrillant, chargé des plus importantes affaires, a oublié de marquer sa satisfaction à Mme Denis, qui lui a fait de son mieux les honneurs de votre grange, je prends sur moi de vous savoir gré de votre attention pour les officiers, et des couvertures que vous avez fait donner aux soldats dans votre hameau.

« Je n'ignore pas que le grand chemin ordonné par moi pour aller de l'inconnu Meyrin à l'inconnu Versoy, dans l'inconnu pays de Gex, vous a coupé quatre belles prairies, et des terres que vous ensemencez au semoir : cela aurait ruiné l'*Homme aux quarante écus* de fond en comble, mais je vous conseille d'en rire.

« Tout décrépit que vous êtes, on ne dira pas que vous êtes vieux comme un chemin, car vous avez, ne vous en déplaise, soixante-quatorze ans passés, et mon chemin du Versoy n'a qu'un an tout au plus.

« Je sais que vous avez pleuré comme un benêt de ce que j'ai opiné dans le conseil contre la requête des Sirven ; vous êtes trop sensible pour un vieillard goguenard tel que vous êtes.

« Ne voyez-vous pas que toutes les formes s'opposaient à l'admission de la requête, et que, dans les circonstances où je suis, il y a des usages consacrés que je ne dois jamais heurter de front ?

« Consoléz-vous. Je sais que Sirven est dans votre maison avec sa famille ; elle est bien infortunée et bien innocente. J'en aurai soin ; je leur donnerai, dans Versoy, un petit emploi qui, avec ce que vous leur fournissez, les fera vivre doucement. Je fais le bien que je peux, mais il m'est impossible de tout faire.

« On m'a dit que La Harpe s'était pressé d'apporter à Paris votre second chant de la *Guerre de Genève*, qui n'était pas achevé ; il faut que vous le racommodiez.

« Est-il vrai qu'il y a cinq chants ?

« Envoyez les moi, *queste coglionerie mi trastullano un poco ;* elles me délassent de mille requétes inconsidérées, et de mille propositions ridicules que je reçois tous les jours.

« Je veux que vous me donniez la nouvelle édition du *Siècle de Louis XIV ;* c'était un beau siècle, celui-là, pour les gens de votre métier. Je suis fâché d'avoir oublié de recommander à Taulès de vous fournir des anecdotes; votre ouvrage en vaudrait mieux. C'est un monument que vous érigez en l'honneur de votre patrie; je pourrai le présenter au roi dans l'occasion.

« Portez-vous bien ; et si vous avez quelques petits calculs dans la vessie et dans l'urètre, prenez du remède espagnol, je m'en trouve bien. L'Espagne doit contribuer à ma guérison, puisque j'ai contribué à sa grandeur et à celle de la France par mon pacte de famille.

« Bonsoir, ma chère marmotte; je crois que je deviens aussi bavard que vous.

« Le duc DE CHOISEUL. »

Sensible sans doute aux reproches déguisés contenus dans cette missive plaisante, Choiseul répondit courrier pour courrier.

« Ce **21** mars [1768].

« Je ne vous écrirai pas la lettre dont vous m'envoyés le projet, je la garde pour moi ; savés vous que l'on est venu me dire que vous vous étiés fait Chartreux? Je me prosternais vis-à-vis ce coup de la grâce, il n'aurait pas été petit. L'arrivée de Mme Denis (1) a fait à Paris une sensation. Je ne sais pas si nous imitons le siècle de Louis XIV, mais je suis sûr que nous honorons et que nous chérissons, autant que l'on pouvait le faire alors, le seul grand génie que nous possédions. Ce que je désire plus que tout, c'est que vous soyés heureux et que l'on ne vous fasse rien ni que vous fassiés rien qui puisse vous empêcher de l'être. Si vous pouviés me mander les époques dont vous auriés besoin pour le *Siècle de Louis XIV* (2), il me serait aisé de vous les pro-

(1) Elle était partie pour Paris au commencement de mars, accompagnée par M. et Mme Dupuits. Elle ne revint à Ferney qu'à la fin d'octobre 1769. On avait dit qu'elle avait été chassée par son oncle, et cette séparation, quoiqu'elle ne dût être que momentanée, fit événement à Paris.

(2) Voltaire faisait faire une nouvelle édition revue, corrigée et augmentée du *Siècle de Louis XIV*, auquel il ajoutait un

curer. Aimés moi, ma chère Marmotte ; soyés sage sur les objets délicats pour des consciences timorées, et comptés, je vous prie, sur ma tendre amitié à jamais. »

A cette lettre Voltaire répond points par points (1) ; d'abord il accepte l'offre de documents pour son *Histoire de Louis XIV ;* il insiste sur ceux dont il a le plus besoin ; puis, après avoir longuement traité les affaires sérieuses, il passe aux frivoles : « ... Je ne me suis pas encore fait chartreux, attendu que je suis trop bavard ; mais je fais régulièrement mes pâques, et je mets aux pieds du crucifix toutes les calomnies fréroniques et pompignantes qui m'imputent toutes les gentillesses antidévotes que Marc-Michel imprime depuis trois ou quatre ans, dans Amsterdam, contre les plus pures lumières de la théologie... Une nièce qui va à Paris quand un oncle est à la cam-

Précis du siècle de Louis XV. Cette édition parut en cette année 1768.

(1) Lettre du 1er avril. Édition Moland, n° 7221. Voir aux pièces justificatives.

pagne est une merveilleuse nouvelle ; mais le fait est que nos affaires étant fort délabrées par le manque de mémoire de plusieurs illustres débiteurs grands seigneurs, tant français qu'allemands, je me suis mis dans la réforme, je me suis lassé d'être l'aubergiste de l'Europe. Je donne vingt mille francs de pension à ma nièce, votre très humble servante. Cornélie Chiffon, nièce du grand Corneille, a eu en mariage environ quarante mille écus, grâce à vos bienfaits et à ceux de Mme la duchesse de Grammont. J'ai partagé une partie de mon bien entre mes parents, et je n'ai plus qu'à mourir doucement, gaiement et agréablement entre mes montagnes de neige, où je suis à peu près sourd et aveugle. Voilà un compte très exact de ma conduite : ma reconnaissance le devait à mon bienfaiteur. Le bavard lui demande pardon de l'avoir tant ennuyé ; il bavardera vos bontés jusqu'au dernier moment de sa vie. Il voudrait bien bâtir une jolie maison dans votre ville de Versoy, mais il sera mort avant que votre port soit fait. »

La dernière allusion se réfère à certain projet

qui tenait fort au cœur du Ministre. Sous l'empire du mécontentement que lui avaient causé
les troubles récents et la nécessité d'intervenir
par les armes, Choiseul avait conçu la pensée de
détourner au profit de la France le commerce qui
jusqu'ici se concentrait à Genève. Non content
de bloquer et d'affamer la ville, il rêvait de la
ruiner à tout jamais, en créant sur le lac de Genève un port qui deviendrait l'entrepôt de toutes
les marchandises entrant en France, ou en sor-
tant. Pour l'emplacement de ce port destiné
à remplacer Genève, il avait choisi dans le pays
de Gex le village de Versoix, situé à l'embou-
chure d'une petite rivière. Les plans étaient à
l'étude depuis 1768, et Voltaire s'intéressait vivement à leur exécution. D'abord Ferney se trouvait tout proche de Versoix, distant de six kilomètres, et le voisinage d'un centre actif lui
serait évidemment très profitable ; ensuite la
fondation devait avoir un caractère particulièrement libéral ; en face de l'église catholique s'élè-
verait le temple protestant, le commerce et l'in-
dustrie seraient exempts d'entraves ; ainsi se-

raient mises en pratique, tout près de son domaine et sur le sol de la France, les idées de tolérance philosophique dont il était depuis si longtemps le champion passionné.

Mais, en attendant un avenir commercial sur lequel il avait eu raison de ne pas trop compter, Voltaire s'appliquait à tirer de son domaine des profits plus immédiats. Tout en s'occupant du bonheur terrestre de ses vassaux, il veillait à leur éducation morale, et c'est ainsi qu'ayant été averti d'un vol avec effraction commis pendant la célébration de la messe, il n'hésita pas à monter en chaire pour exposer les dangers que couraient les voleurs de mettre en péril leur salut spirituel. Cette fantaisie du Philosophe, qui s'improvisait catéchiste, fut rapportée à l'évêque d'Annecy, lequel fit parvenir au Roi des plaintes relativement à cette usurpation de ministère consacré, et Voltaire reçut du duc de la Vrillière, M. de Saint-Florentin, un blàme assez vif ainsi libellé (1) : « Le Roi a, Monsieur, été informé

(1) A Monsieur de Voltaire, ancien gentilhomme ordinaire du Roi. En date du 17 juin 1768,

par les plaintes qui en ont été portées à Sa Majesté (1), que le jour de Pâques dernier vous avez fait dans votre paroisse de Ferney une exhortation publique au peuple, et même pendant la célébration de la messe... Sa Majesté a très fort blamé cette entreprise de votre part, et elle m'a très expressément chargé de vous marquer son mécontentement à cet égard, et que vous ayez à l'avenir à ne point vous laisser emporter à de semblables démarches, qui sont entièrement contraires aux règles établies dans tous les États... »

Voltaire n'a jamais pu se laisser accuser sans se défendre, surtout quand l'accusation était juste ; il écrivit donc à Richelieu en même temps qu'à Choiseul pour présenter les faits sous un jour qui lui fut moins défavorable ; sa lettre à Choiseul ne nous est pas parvenue, mais elle devait répéter celle qu'il adressait à Richelieu (2) : « ... Le Roi m'a fait écrire, par M. de Saint-Florentin,

____

(1) Par l'évêque d'Annecy, nommé Biort, qui s'était plaint du fait à Voltaire lui-même dans une lettre du 25 avril 1768. Édition Moland, n° 7247.

(2) En date du 29 juin 1768. Édition Moland, n° 7292.

qu'il était très mécontent que j'eusse monté en chaire dans ma paroisse, et que j'eusse prêché le jour de Pâques. Qui fut étonné? Ce fut le révérend père Voltaire. J'étais malade ; j'envoyai la lettre à mon curé, qui fut aussi étonné que moi de cette ridicule calomnie, qui avait été aux oreilles du roi. Il donna sur-le-champ un certificat qui atteste qu'en rendant le pain bénit, selon ma coutume le jour de Pâques, je l'avertis, et tous ceux qui étaient dans le sanctuaire, qu'il fallait prier tous les dimanches pour la santé de la Reine, dont on ignorait la maladie dans mes déserts, et que je dis aussi un mot touchant un vol qui venait de se commettre pendant le service divin. La même chose a été certifiée par l'aumônier du château et par un notaire, au nom de la communauté. J'ai envoyé le tout à M. de Saint-Florentin, en le conjurant de le montrer au Roi... »

C'est à cet envoi de pièces que Choiseul fait allusion, en un billet qui marque de la part du Ministre l'intention formelle de ne rien dire qui pût paraître en contradiction avec le blâme prononcé par le Roi :

« Marly, le 3 juillet 1768.

« J'ai lû, Monsieur, les pièces que j'ai trouvé jointes à la lettre que vous m'avés écrite le 25 du mois dernier ; je connaissais déjà l'affaire dont vous me parlés par le compte que M. de Saint-Florentin en a rendu au Roi, moi présent ; vous ètes sans doute déjà instruit par ce Ministre des intentions de Sa Majesté.

« Vous connaissés, Monsieur, les sentimens que je vous ai voué. »

Le brièveté de ce billet, sa réserve un peu sèche signifiaient clairement que, le Roi ayant parlé, le coupable n'avait qu'à se taire. C'était la faiblesse de Voltaire ces agitations inopportunes. En protestant contre la vérité des faits, parfois même contre toute évidence, il donnait prise à ses ennemis, qui, profitant de ses inconséquences, mélange d'orgueil et de pusillanimité, le poussaient aux plus vaines démarches. Très accessible à la crainte, on le persuadait le plus aisément du monde d'attaques imaginaires, contre lesquelles il se mettait aussitôt en défense. C'est ainsi qu'on lui rapporta que, dans la préface d'un ouvrage d'érudition, *Tibère, ou Les six premiers livres des Annales de Tacite* (1), l'abbé de la Bletterie avait écrit que lui, Voltaire, avait oublié de se faire enterrer. Il faut dire que ce La Bletterie était protégé par le duc et la duchesse de Choiseul et par Mme du Deffand ; Voltaire en éprouvait quelque dépit et tenait en mépris le protégé de ses protecteurs, jusqu'à le confondre avec Jean-Jacques Rousseau sous l'épithète peu révérencieuse d'« excréments du siècle ». Il n'eut pas de peine à croire à l'injure dont on prétendait l'Abbé coupable à son égard et commença par se défendre, composant des épigrammes. Il affirme n'avoir pas oublié de se faire enterrer, « car, écrit-il à l'avocat Marin (2), je me suis fait bâtir un petit tombeau, fort propre, de bonne pierre de roche, qui d'ailleurs est d'une simplicité convenable ; mais, comme il faut toujours être poli, je dis au sieur de La Bletterie :

(1) Trois volumes in-douze, 1768.
(2) Lettre du 19 auguste 1768. Édition Moland, n° 7314.

> Je ne prétends point oublier
> Que mes œuvres et moi, nous avons peu de vie;
> Mais je suis très poli, je dis à La Bletterie :
> « Ah! monsieur, passez le premier ! »

Choiseul, par bienveillance pour La Bletterie, essaya de faire revenir Voltaire d'une erreur indigne de lui; mais, connaissant son homme, il dut rester convaincu de l'inutilité de sa lettre :

« A Choisy, ce 16 novembre [1768].

« L'abbé de La Bléterie n'a jamais dit que vous aviés oublié de vous faire enterrer ; je l'aime trop pour qu'il ait pensé à dire ce qui me serait très désagréable ; il ne vous a point eû en vûe du tout dans les nottes de son ouvrage ; il me l'a juré, et, pour peu qu'on le connaisse, l'on est obligé de le croire. Il y a dans tout cela un malentendu et une tracasserie d'auteur qui est bien au dessous de vous. Je suis toujours étonné de la châleur que vous mettés aux moindres traits qui vous approchent, et que vous ne sentiés pas que cette châleur, qui est un chagrin pour vous, est précisément le bût de vos ennemis ; ils ne peuvent pas vous faire couper la langue, mais ils vous rendent malheureux. L'on débitait chaque jour pendant la régence de la Reine-mère des vers contre elle ; elle se fâcha et fit punir ceux qui les affichaient, etc. Cependant l'acharnement en ce genre augmentait à mesure que l'on punissait et fut au point que, dans une petite place au bout du Pont-Neuf appellée la place des Trois Maris, l'on afficha qu'elle était une putain de toutes les manières possibles ; comme l'on disait que c'était du cardinal Mazarin, elle le consulta sur les moyens de faire cesser cette licence ; il lui répondit sagement qu'elle ne cesserait que quand elle n'en serait point affectée ; la Reine suivit son conseil, et l'on n'a pas depuis affiché de pièces scandaleuses contre elle.

« Je vous envoye cette anecdote en reconnaissance du *Siècle de Louis XIV*, que je n'ai pas encore pû lire, mais que je lirai avec le bonheur et l'intérêt que je sens en lisant ce qui vient de vous. »

Voltaire n'était pas de caractère à revenir facilement sur une suspicion favorable à sa rancune ; en dépit des explications que lui fournit le duc de Choiseul, il ne put abandonner l'idée qu'il était désigné dans la préface de La Bletterie; plus d'un mois après, il en reparle dans sa correspondance (1). L'impossibilité d'agir efficacement sur Voltaire avait peut-être influencé le zèle du duc de Choiseul, qui laisse passer des mois sans plus écrire «au vieil ermite». Aucune lettre de lui ne porte la date de l'année 1769, et, du côté de Voltaire, un seul billet du même millésime s'adresse au Ministre (2); Voltaire y recommande son médecin Coste qui partait pour Paris et qui devait présenter lui-même la requête écrite en sa faveur. Coste fut très bien accueilli chez le Duc, qui le reçut à dîner et lui fit obtenir l'augmentation de traitement qu'il sollicitait (3).

Plus nombreuses nous sont parvenues les lettres de Voltaire au duc de Praslin, et, parmi celles qui se rapportent aux années 1769 et 1770,

(1) Lettre du 23 décembre 1768 à M. Dupuits ; du 26 à Mme du Deffand. Édition Moland, n°° 7426 et 7430.

(2) Il est du 16 juillet 1769. Édition Moland, n° 7595.

(3) Ses appointements furent portés de cent cinquante francs à douze cents.

deux peuvent nous aider à commenter une lettre
inédite du duc de Praslin, mêlée à celles du duc
de Choiseul et que nous ne voulons pas en séparer.

Des diamants, appartenant à des négociants
dont Voltaire était le créancier, avaient été pris,
au dire de celui-ci, par des corsaires de Tunis.
Le duc de Praslin occupait alors le ministère de
la Marine, et c'est lui que Voltaire avait sollicité (1) pour faire opérer des recherches ; mais
encore fallait-il fournir un état justificatif des
joyaux réclamés. La justification ne semble pas
avoir été facile à faire (2), et, dans ces conditions,
toute chance de succès devenait bien improbable.
La lettre du duc de Praslin ne laisse à ce sujet
aucun doute :

« A Versailles, le 5 février 1770.

« J'ai reçu, Monsieur, avec la lettre que vous
m'avés fait l'honneur de m'écrire le 24 du mois

---

(1) Au mois de décembre 1769. Édition Moland, n° 7725.

(2) Ainsi qu'en témoigne une seconde lettre de Voltaire, datée
du 24 janvier 1770. Voir aux pièces justificatives. Voir aussi
la lettre à d'Argental du 19 février. Édition Moland, n° 7790.

dernier, la pièce qui y était jointe, concernant une partie de diamants que vous présumés avoir été enlevée par un corsaire Tunisien. Je vais la faire passer à M. de Saizieu, consul du Roi à Tunis, avec ordre d'en demander la restitution ; mais je doute du succès de ses démarches, puisqu'il paraît que les diamants en question étaient dans une lettre sans que le capitaine Cely en fût prévenu, et qu'ils auront vraisemblablement été jetées à la mer avec tous les autres paquets.

« J'ai l'honneur d'être, etc.

« Le duc DE PRASLIN. »

La protection des Ministres allait être plus indispensable que jamais au propriétaire de Ferney. Le commencement de l'année 1770 venait d'être marqué à Genève par une nouvelle phase de la révolution ; les *Représentants* s'étaient refusés à toute concession envers les *Natifs,* qui furent emprisonnés ou bannis, quand ils ne furent pas tués ; moyen de persuasion peu propre à ramener le calme dans les esprits troublés par le fanatisme religieux le plus passionné. Chassés de la ville,

les *Natifs*, ne pouvant trouver asile à Versoix, où
le tracé des rues était à peine commencé (1),
vinrent se réfugier à Ferney, attirés par les facilités de séjour que Voltaire accordait à tous les
fugitifs. Un nouveau village ne tarda pas à se
former autour de l'ancien, et, là où jusqu'à ce
jour ne se trouvait qu'un hameau habité par
quarante-neuf paysans, des maisons de pierre,
bâties sur les ordres et aux frais du Seigneur,
s'élevèrent pour abriter plus de mille émigrants.

Tous travailleurs et presque tous excellents
horlogers, les émigrants formèrent à Ferney une
colonie qui devait, dans la pensée de Voltaire,
fournir de montres les deux hémisphères.

L'exécution des *Natifs* par le parti des *Repré-*
sentants avait eu lieu le 15 février, et Voltaire
avait écrit aussitôt au duc de Choiseul une lettre
d'appel pressant, réclamant du secours pour pouvoir parer aux premières difficultés de logement
et de nourriture : « ... Si vous aviez seulement
fait bâtir à Versoy une cinquantaine de maisons de

(1) L'édit de fondation de la ville avait été signé au mois de
janvier.

boue, vous auriez actuellement dans Versoy quatre cents habitants qui ne savent où coucher, qui vous seraient attachés pour jamais, et qui probablement iront habiter l'Angleterre, que mon cœur réprouve, ou la Hollande, que je vomis de ma bouche, parce qu'elle est tiède. J'ai ordonné à mon serviteur François V., capucin indigne, d'avoir soin de ces malheureux, en attendant que votre rosée puisse les consoler. Je sais que mon serviteur, chargé de la bourse commune, loge le diable dans sa bourse, c'est à dire rien, et qu'il ne pourra donner cent mille sicles pour bâtir des maisons. Mon serviteur François V. est encore plus pauvre pour le moment présent; mais vous pourriez trouver quelque bon ami, non pas de cour, mais de finance, qui prêterait des sicles pour bâtir des maisons. Il n'est pas besoin d'édit pour donner à qui voudra de quoi reposer sa tete. Vous avez une galère dans un port qui n'est pas fait ; mais des familles ne peuvent coucher dans une galère (1)... »

(1) Voir cette lettre *in extenso* page **287. Elle est du 18 février 1770**.

En effet, le premier soin de Choiseul avait été d'ordonner la construction d'une galère et le creusement du port, avant que les capitaux indispensables fussent assurés et qu'aucune maison s'élevât sur l'emplacement de la nouvelle ville. C'est ainsi que le port, qui coûta six cent mille francs, ne servit jamais d'abri qu'à quelques barques, et que la frégate aux armes du Roi, pour le payement de laquelle on avait vainement sollicité des fonds, fut saisie en 1771 et rachetée alors par Voltaire, qui tenait à honneur de conserver à la France les restes d'une entreprise dont il avait été l'un des instigateurs.

Mais, en attendant la débâcle finale, le Ministre s'occupait de faciliter l'habitat de Versoix par l'obtention d'une loi de liberté religieuse qu'il ne put obtenir du Gouvernement et qu'il dut remplacer par une tolérance conditionnelle devant cesser avec son Ministère. C'est en partie ce qu'il explique à Voltaire :

« A Paris, ce 2 mars [1770].

« Je vous dois, mon cher Hermitte, devenu

depuis Capucin (1), plusieurs réponses ; je m'en suis fié pour l'incertitude à Madame Gargantua(2) qui est exacte de son naturel et qui en sentiment répond pour moi.

« L'affaire de Versoix m'intéresse infiniment parce que je la crois bonne, humaine et bien vue en politique ; sans la liberté de religion, il ne faut pas y penser ; ce serait une absurdité ; c'est à cette liberté que je travaille et qui est bien dure a arracher ; avant qu'il soit peu, nous saurons à quoi nous en tenir ; en attendant laissés battre les Natifs, et s'entretuer les habitants de cette malheureuse Genève ; je prendrai des précautions pour que le feu ne se communique pas chés nous, et surtout ne vous nuise pas, à vous, Capucin tout indigne et génie trop cher à tous les gens qui savent penser, lire et aimer le bien. »

(1) Voltaire avait pu rendre quelques services à des Capucins ses voisins ; en remerciement le Révérend Père général lui avait envoyé de Rome, au commencement de février, le brevet de Père temporel des Capucins de Gex.

(2) La duchesse de Choiseul, que Voltaire nommait ainsi par antiphrase.

La tranquille indifférence du duc de Choiseul relativement aux massacres de Genève avait indigné et désolé Voltaire, qui récrivit (1) : « Mon protecteur, vous ne croyez donc pas aux femmes grosses assassinées? Tenez, voyez, lisez. Il y a huit jours que je n'ai vu votre résident ; il se peut faire qu'on vous ait caché une partie des horreurs qui se sont passées à Genève. Très souvent on ne sait pas dans une rue ce qu'on a fait dans l'autre. Pour moi, qui suis bien malade, et qui paraîtrai bientôt devant Dieu, je vous dis la vérité telle qu'on me l'a dite... » Le même jour il envoyait à la duchesse de Choiseul une seconde lettre de prières pour qu'elle intercédât en faveur des massacrés (2). « Madame, il ne s'agit point ici de capucins, il s'agit de femmes grosses ; vous devez les protéger... Oui, Madame, on a assassiné des femmes grosses à Genève, et je vous demande justice de monseigneur votre époux... »

(1) Le 17 mars. Édition **Moland**, n° **7827**, *in extenso* page **288**.
(2) *In extenso* page **289**. Édition Moland, n° 7828.

Cependant l'exode des *Natifs*, arrivant par longues théories de Genève à Ferney, finit par mettre un terme aux représailles des *Représentants*, et Voltaire, qui venait de former avec eux à Ferney la colonie que le duc de Choiseul n'avait pu fonder à Versoix, s'occupait de leur faciliter l'écoulement de leurs travaux d'horlogerie ; il envoya donc au duc et à la duchesse de Choiseul des spécimens de montres de luxe destinées à être présentées au Roi. Ce premier envoi, fait au mois d'avril, reçut l'approbation du Souverain, et Voltaire, écrivant le mois suivant au cardinal de Bernis (1), put lui dire en parlant de ses nouveaux colons : « ... J'ai pris la liberté d'envoyer au Roi de leurs ouvrages ; il en a été très content, et il leur accorde sa protection. M. le duc de Choiseul a poussé la bonté jusqu'à se charger de faire passer leurs ouvrages à Rome. Notre dessein est de ruiner saintement le commerce de Genève, et d'établir celui de Ferney. »

Tout à la fois poète, agriculteur, commerçant

(1) Le 11 mai. Édition Moland, n° 7882.

et industriel, tel apparaît Voltaire dans cette période de sa vie; se donnant tout entier à la réussite des manufactures de soie, d'étoffe et d'horlogerie qu'il avait pu former sur ses terres à l'aide des meilleurs ouvriers que lui fournissait l'intolérante Genève. Avec la satisfaction la plus vive, il voyait prospérer sur son domaine les industries jadis monopolisées par la ville ennemie, dont les habitants avaient été assez barbares pour interdire ses pièces et brûler son théâtre; il attachait donc un grand prix à fixer sur ses terres tous les fugitifs génevois, et ce ne fut pas sans déplaisir qu'il apprit que certains d'entre eux, attirés par les propositions avantageuses du roi de Prusse, allait partir pour Berlin. Il s'en ouvrit à Choiseul, qui s'intéressait à la marche progressive de la colonie voltairienne, et d'autant plus qu'elle servait son ressentiment contre Genève : « Notre bienfaiteur, lui disait-il, vous savez probablement que le roi de Prusse a été sur notre marché, et qu'il fait venir dix-huit familles d'horlogers de Genève. Il les loge *gratis* pendant douze ans, les exempte de tous impôts,

et leur fournit des apprentis dont il paye l'apprentissage : c'est du moins une preuve que les natifs
de Genève ne veulent pas rester dans cette ville;
mais ces dix-huit familles de plus nous auraient
fait du bien; elles sont presque toutes d'origine
française. Je suis fâché qu'elles se transportent
si loin de leur ancienne patrie; mais je me flatte
que votre colonie l'emportera sur toutes les
autres. Dieu me préserve des lettres de Venise,
qui disent qu'après la bataille navale contre les
Turcs, ces messieurs ont voulu assassiner l'ambassadeur de France parce qu'il portait un chapeau ; que l'ambassadeur d'Angleterre a été
obligé de se sauver déguisé en matelot, et que
l'ambassadeur de Venise a échappé à la faveur
d'une garde ! Je ne crois point la canaille turque
si barbare, quoiqu'elle le soit beaucoup (1)... »

Quand Choiseul répondit à cette lettre, il n'était
séparé de la disgrâce et de l'exil que par trois
mois et sept jours, et sa réponse va clore sa correspondance avec Voltaire :

(1) Pour la fin de cette lettre qui est du 7 septembre, voir
aux pièces justificatives, page 290.

« Versailles, le 17 septembre 1770.

« Je vois, Monsieur, par votre lettre du 7 de ce mois que le Roi de Prusse a attiré dans son pays 18 familles d'horloger de Genève; j'en suis fâché, puisqu'elles sont presque toutes d'origine française et que, si le Roi de Prusse a le moyen de faire le bien plus promptement que nous, le nôtre tient plus longtems que le sien. Au reste continués, Monsieur, à encourager votre colonie; nous ferons ce que nous pourons pour la rendre heureuse, il faut seulement qu'elle nous donne le tems d'en préparer les moyens.

« La nouvelle qui vous est venüe de Venise est de toute fausseté; j'ai eu des nouvelles de l'Ambassadeur du Roi à Constantinople, postérieures à l'époque dont vous me parlés.

« Ayés soin, Monsieur, de votre santé, donnés m'en quelquefois des nouvelles et ne doutés pas plus de l'intérêt que j'y prends que des sentimens que vous me connaissés pour vous. »

Cette lettre, nous l'avons dit, la dernière qu'à notre connaissance Choiseul ait écrite à Voltaire, n'a pas l'enjouement qu'il affectait auparavant en entretenant le spirituel philosophe. Tout y est sérieux, le titre de Monsieur qui remplace celui d'Ermite ou de chère Marmotte, la tenue des paragraphes où pas un trait plaisant ne se glisse, et ce ton grave, si peu familier au duc de Choiseul, n'est-il pas le reflet des dangers dont l'approche se faisait sentir ?

La nouvelle favorite, Mme du Barry, n'avait pu pardonner au Duc le peu d'égards dont il s'était cru obligé envers elle, et, soutenue par les intrigues du chancelier Maupeou et du contrôleur général Terrai, elle avait réussi à persuader au Roi que le duc de Choiseul complotait contre la paix en travaillant à amener une guerre nouvelle avec l'Angleterre, la Russie et la Prusse. Le Roi ne crut pas beaucoup à ce complot contre sa tranquillité, mais, désireux d'être délivré de l'obsession dont on le fatiguait chaque jour à ce sujet, il finit par se résigner à renvoyer le Ministre et à exiler l'homme. Le 24 décembre,

Choiseul reçut l'annonce de sa disgrâce signée
du Roi (1) :

« J'ordonne à mon cousin le duc de Choiseul
de remettre la démission de sa charge de secrétaire d'État et de surintendant des postes entre
les mains du duc de la Vrillière, et de se retirer
à Chanteloup jusqu'à nouvel ordre de ma part.

« A Versailles, ce 24 décembre 1770.

                         « LOUIS. »

Le duc de la Vrillière, chargé de remettre cette
lettre à Choiseul, devait en outre lui donner
ordre de ne voir à Chanteloup que sa famille et
les personnes autorisées par le Roi à se rendre
auprès de lui. C'est ce dont témoigne le billet
suivant, joint par le Roi à la lettre d'exil (2) :

« Le duc de la Vrillière remettra les ordres cy-
joints à M. de Choiseul et me rapportera leurs
démissions. Sans Mme de Choiseul j'aurai en-

(1) Cette lettre du Roi est publiée dans la *Revue de Paris*,
année 1829, tome IV, page 63.

(2) Ce billet, qui ainsi que la lettre du Roi, fait partie des
pièces copiées dans notre manuscrit, a été également publié dans
la *Revue de Paris* de 1829.

voyé son mari autre part, à cause que sa terre se trouve dans son gouvernement; mais il en usera comme s'il n'y était pas. Il n'y verra que sa famille et ceux à qui je pourrai permettre d'y aller. »

Cette clause aggravante fut plus sensible à Choiseul que le renvoi lui-même. Il s'attendait depuis quelque temps à son prochain remplacement; mais, en changeant de position, il ne comptait nullement interrompre les habitudes de luxe, les innombrables relations, les fêtes et la bonne chère qui devaient, d'après ses calculs, l'accompagner à Chanteloup.

Dans le premier moment il écrivit au Roi pour protester contre la défense de voir ou recevoir qui viendrait ou qui lui plairait de faire venir; il fit cette lettre qui, d'après une note à elle attachée, ne fut qu'un projet et resta en brouillon. Elle se trouve dans le même cahier que ses lettres à Voltaire, et nous la reproduisons, non pas seulement parce qu'elle est inédite, mais aussi parce qu'elle termine dignement la période d'histoire qui fait le sujet de notre étude.

« Sire,

« J'ai été nommé par Votre Majesté il y a 11 ans, Sire, Ministre des Affaires Étrangères, sans que j'eusse désiré cette place, ni même que j'eusse songé à la remplir; j'ai alors, Sire, obéi à vos ordres avec répugnance.

« A la Paix, je suis resté chargé de deux Ministères par soumission à vos volontés et par reconnaissance de vos bienfaits.

« Depuis la Paix, Votre Majesté a du être convaincue combien j'étais peu attaché à la place de Ministre et à la faveur qui en est la suitte; je ne regrette ni l'une ni l'autre et j'aurais à remercier Votre Majesté de m'en avoir soulagé si je ne voyais, Sire, qu'en m'excluant de votre Conseil, j'ai eu le malheur de perdre les bonnes grâces de Votre Majesté au point d'altérer sa justice.

« J'étais averti, Sire, des projets des intrigants sur ma chûte prochaine; ils publiaient leurs espérances avec l'indiscrétion et l'étourderie qui leur est propre; je ne puis pas vaincre le mépris qui est en moi pour ce qui est méprisable ; j'avoue à Votre Majesté que j'ai été trompé par la bonne opinion que j'avais de mes services, et d'ailleurs je ne pouvais pas croire, quoique l'on m'en eût prévenu, que Votre Majesté se donnerait la peine de me dissimuler ma disgrâce jusqu'au dernier moment. Il est très simple que Votre Majesté ne me croye pas digne de sa confiance, ni propre aux places du Ministère que j'exerçais ; je désire pour votre gloire, Sire, et pour le bien de votre État que ceux qui me remplaceront servent Votre Majesté aussi bien que je crois l'avoir servi ; je ne jalouserai certainement dans aucune circonstance ni leur talent, ni leur crédit. Il est aussi très simple, Sire, qu'ayant eu, quoiqu'innocemment, le malheur de vous déplaire, vous éloigniez de votre présence un sujet qui n'a plus l'avantage de vous être agréable ; je n'ose pas, Sire, réclamer vos anciennes bontés, auxquelles je n'ai plus de droit, mais j'ose réclamer votre justice et vous représenter que je n'ai point mérité que vous me priviés de la liberté de vaquer en tous lieux (hors dans ceux où je pourrais vous rencontrer) aux soins que je dois à ma famille, à mes affaires et à la santé de ma femme ainsi qu'à la mienne. Quoique vous soyés naturellement bon, Sire, je ne vous demande pas de l'être pour moi, mais vous êtes juste, et c'est cette justice que j'implore en ma faveur, en vous demandant ma liberté comme la dernière grace que j'aurai dans le cour de ma vie à demander à Votre Majesté.

« Je suis, etc. »

Choiseul, en n'envoyant pas ce projet de lettre, avait pensé sans doute qu'il était inutile de se poser en solliciteur auprès d'ennemis qui, la veille encore, se trouvaient sous sa dépendance et relevaient de son bon vouloir. Pour lui cet éloignement n'était qu'un temps de repos forcé après un exténuant labeur, et ce fut si peu la disgrâce qu'à son départ on lui fit un véritable triomphe. Tous les honnétes gens, tous les mécontents, peu soucieux des ordres et des défenses imposés par un gouvernement entièrement livré aux plus bas caprices, aux plus viles intrigues, le suivirent sur la route de Chanteloup qui, ce jour-là, se couvrit de carrosses occupés par ce que la Cour avait de plus grand et de plus magnifique.

Non contents de lui servir d'escorte, ses amis et ses admirateurs lui formèrent bientôt une véritable cour et l'entourèrent dans son exil des témoignages les plus flatteurs d'estime et de dévouement. Parmi ceux qui continuèrent après son changement à lui témoigner les sentiments de reconnaissance dus à ses bienfaits, Voltaire se montra, dans ses lettres du moins, l'un des plus fidèles; il affirma avec énergie l'indignation que lui causaient l'injustice et la faiblesse du Roi. Fut-il sincère? Avec lui peut-on jamais être sûr du fond de ses sentiments? Quoi qu'il en soit, les amis de Choiseul et Choiseul lui-même l'accusèrent hautement d'ingratitude et de trahison. Fausse ou vraie, cette accusation expliquerait comment le Duc aurait cessé la correspondance; pour Voltaire, il en exprima constamment sa douleur que nous croyons sincère. Bien assez de péchés pèsent sur sa conscience; ne le chargeons pas de celui-là.

FIN.

PIÈCES JUSTIFICATIVES

N° 1. — *État signalétique du manuscrit.*

Composé de deux volumes, le premier de 375 pages, le second de 434, le manuscrit in-quarto carré qui contient la correspondance de Choiseul avec Voltaire est richement relié en maroquin rouge, frappé, au dos de petits fers dorés dans le style de l'époque, et sur le plat de trois filets d'encadrement. Les dos portent, sur deux pièces de maroquin vert, l'énoncé des tomes et le titre commun aux deux volumes : « MANUSCRITS DE CHOISEUIL. »

En tête du premier volume une table générale indique le sommaire des matières : « Lettres de Choiseul à Voltaire ; récit d'une aventure relative aux Jésuites ; Mémoires remis au Roi par Choiseul en 1765 ; fragments écrits par le Duc depuis sa retraite ou concernant les affaires de ses départements, etc. » La table se termine par cette très courte introduction : « Tous ces morceaux, dit le présentateur, sont copiés sur les manuscrits que j'ai eu entre les mains, et on

peut y ajouter foi comme à des originaux. Le nom
du Ministre qu'ils concernent suffit pour le rendre
intéressant; quelques-uns peuvent servir à l'histoire
du temps et à la connaissance du genre de son esprit,
de son talent et de son caractère. On y a joint quelques notices et on se propose d'y ajouter quelques
mots qui peuvent en rendre la lecture plus agréable
et plus facile. »

Ces notices, entachées de parti pris, manquent
d'esprit critique; elles n'ont historiquement aucune
valeur et ne peuvent guère aider qu'à donner une
une date au manuscrit. En effet, leur auteur y parle
de Choiseul à l'imparfait; il écrit donc après la mort
du Duc (8 mai 1785); mais il parle au présent du
ministre Miromesnil dont la chute eut lieu le 28 avril
1787. Ce serait donc dans cet intervalle des années
1785 à 1787 qu'auraient été faites les copies.

Les quarante-six lettres de Choiseul à Voltaire se
trouvent à la fin du second volume et copiées de la
page 261 à la page 432, sans aucun ordre historique
ou chronologique. Elles sont précédées d'une notice
de treize pages, dans laquelle est transcrit le passage
des *Mémoires* de Voltaire relatif à son entrée en relation avec le Duc (1).

Lorsque le manuscrit me fut confié pour déterminer celles des matières qui pourraient être inédites
et pour en préparer la publication, je distinguai tout

1) Ces *Mémoires* de Voltaire, écrits après sa brouille avec
Frédéric II, brûlés par l'auteur après sa réconciliation avec le
roi de Prusse et conservés par Wagnière en deux copies, ne
furent imprimés qu'en 1784.

d'abord, comme particulièrement intéressantes pour l'histoire, ces lettres de Choiseul à Voltaire.

Mais, avant d'en faire le sujet d'une longue étude, et quoique par leur contexte même elles eussent un caractère de parfaite authenticité, je voulus tout d'abord prendre l'avis de deux maîtres, M. Jules Flammermont, qui depuis quinze années faisait du duc de Choiseul l'objet de passionnantes recherches, et M. Étienne Charavay, l'érudit éminent, qui m'était désigné comme un sûr conseiller par son double titre d'oncle et d'historien. MM. Flammermont et Charavay préparaient alors en collaboration la publication des *Mémoires* complets du duc de Choiseul ; ils furent heureux de trouver, dans le manuscrit que je soumettais à leur haute compétence, la preuve que certaines parties de leur texte, dont on attribuait la fausse paternité à Soulavie, émanaient véritablement de Choiseul, et les emprunts qu'ils firent à ce manuscrit suffiraient pour en attester l'incontestable valeur historique. On sait que la mort, à deux mois de distance, a frappé les deux savants collaborateurs, et ce m'est un profond regret de ne pouvoir leur témoigner qu'à titre d'hommage posthume mon souvenir reconnaissant et mon affectueuse gratitude.

N° 2. — *Observations de M. de Chauvelin l'ambassadeur sur une lettre de M. de Voltaire au roi de Prusse, écrite par ordre du ministère, 1759.*

« La lettre est très bien ; le fond et le ton en sont à merveille ; je n'y ferai que deux observations :

« 1° Je ne sais si je lui présenterais aussi décisivement l'idée de restitution; je crois qu'elle lui sera toujours amère, et je ne sais si elle ne blesserait pas sa gloire autant que son intérêt. Peut-être faudrait-il adoucir ce passage :

« 2° Je crois qu'il conviendrait de lui expliquer davantage le fond d'un système de pacification fondé sur les idées propres à lui, qu'il développe dans sa dernière lettre. En conséquence, je lui dirais, ce me semble :

« Vous ne voulez pas faire la paix sans les Anglais; vous avez raison, votre honneur y est intéressé. Mais pourquoi ne feriez vous pas faire la paix aux Anglais en même temps qu'à vous? N'avez vous pas acquis assez de droits sur leur estime, assez d'ascendant sur eux, pour qu'ils sacrifient quelques uns de leurs avantages à l'honneur de vous assurer les votres? Alors les Français, en compensation d'un tel bienfait, ne seront ils pas excités et autorisés à déterminer leurs alliés à des sacrifices équivalents à ceux que les Anglais auront faits pour eux en votre faveur? Alors ne serez vous pas l'auteur et le mobile de cette condescendance réciproque qui ramènera tout à un équilibre désirable et utile à tout l'univers? En un mot, si vous déterminez les Anglais à ne pas envahir l'empire des mers, la propriété de toutes les colonies, et le commerce universel, doutez vous que les Français n'engagent vos ennemis à renoncer aux prétentions qui vous seraient nuisibles?

« Il me semble que cette tirade, maniée par le génie de M. de Voltaire, embellie des grâces nerveuses de son style, et ajoutée aux notions qu'il a déjà prises du roi de Prusse, et des objets les plus propres à l'émouvoir, peut mettre dans tout son jour l'idée d'un plan qu'il serait très heureux que ce Prince saisit, adoptât, et conduisit à sa maturité. »

N° 3. — *Lettre de Frédéric II à Voltaire.*

« [Sagan] **22** septembre **1759**.

« **La Duchesse de Saxe-Gotha** m'envoie votre lettre, etc. Comme je viens d'être étrangement ballotté par la fortune, les correspondances ont toutes été interrompues. Je n'ai point reçu votre paquet du 29 ; c'est même avec bien de la peine que je fais passer cette lettre, si elle est assez heureuse de passer.

« Ma position n'est pas si désespérée que mes ennemis le débitent. Je finirai encore bien ma campagne ; je n'ai pas le courage abattu ; mais je vois qu'il s'agit de paix. Tout ce que je peux vous dire de positif sur cet article, c'est que j'ai de l'honneur pour dix, et que, quelque malheur qui m'arrive, je me sens incapable de faire une action qui blesse le moins du monde ce point si sensible et si délicat pour un homme qui pense en preux chevalier, si peu considéré de ces infâmes politiques qui pensent comme des marchands.

« Je ne sais rien de ce que vous avez voulu me faire savoir ; mais, pour faire la paix, voilà deux conditions dont je ne me départirai jamais : 1° de la faire conjointement avec mes fidèles alliés ; 2° de la faire honorable et glorieuse. Voyez vous, il ne me reste que

17

l'honneur, je le conserverai au prix de mon sang.

« Si on veut la paix, qu'on ne me propose rien qui répugne à la délicatesse de mes sentiments. Je suis dans les convulsions des opérations militaires; je suis comme les joueurs qui sont dans le malheur et qui s'opiniâtrent contre la fortune. Je l'ai forcée de revenir à moi plus d'une fois, comme une maîtresse volage. J'ai affaire à de si sottes gens qu'il faut nécessairement qu'à la fin j'aie l'avantage sur eux. Mais qu'il arrive tout ce qu'il plaira à *Sa sacrée Majesté le Hasard,* je ne m'en embarrasse pas. J'ai jusqu'ici la conscience nette des malheurs qui me sont arrivés. La bataille de Minden, celle de Cadix, et la perte du Canada, sont des arguments capables de rendre la raison aux Français, auxquels l'éllébore autrichien l'avait brouillée. Je ne demande pas mieux que la paix, mais je la veux non flétrissante. Après avoir combattu avec succès contre toute l'Europe, il serait bien honteux de perdre par un trait de plume ce que j'ai maintenu par l'épée.

« Voilà ma façon de penser; vous ne me trouverez pas à l'eau de rose; mais Henri IV, mais Louis XIV, mes ennemis même, que je peux citer, ne l'ont pas été plus que moi. Si j'étais né particulier, je céderais tout pour l'amour de la paix; mais il faut prendre l'esprit da son état. Voilà tout ce que je peux vous dire jusqu'à présent. Dans trois ou quatre semaines la correspondance sera plus libre, etc.

« FRÉDÉRIC. »

N° 4. — *Lettre de Voltaire à d'Argental.*

(*A vous seul.*)   « Novembre [1759] (1).

« Mon divin ange, vous êtes un ange de paix. Permettez que je vous parle votre langue, après avoir parlé celle de notre *tripot* des Délices. Vous êtes né, de toutes façons, pour mon bonheur, dans mes plaisirs, dans mes affaires. Je vous dois tout; vous êtes en tout temps constitué mon ange gardien; écoutez donc ma dévote prière.

« 1° Je voudrais savoir, en général, si M. le Duc de Choiseul est content de moi, et vous pouvez aisément vous en enquérir un mardi. Tout ce que je peux vous dire, c'est que j'ai grande envie de lui plaire, et comme son obligé, et comme citoyen.

« 2° S'il entrait avec vous dans quelque détail, comme il y est entré avec M. de Chauvelin, ne pourriez vous pas lui dire, quelque autre mardi, la substance des choses ci-dessous?

« Voltaire est dans une correspondance suivi avec *Luc*; mais, quelque ulcéré qu'il puisse être et qu'il doive être contre *Luc*, puisqu'il est capable d'avoir étouffé son ressentiment au point de soutenir ce commerce, il l'étouffera bien mieux quand il s'agira de servir. Il est bien avec l'électeur palatin, avec le duc de Wurtemberg, avec la maison de Gotha, ayant eu des affaires d'intérêt avec ces trois maisons, qui sont

(1) Édition Moland, n° 3981.

contentes de lui, et qui lui écrivent avec confiance. Il a été le confident du prince de Hesse *l'apostat*. Il a des amis en Angleterre. Toutes ces liaisons le mettent en droit de voyager partout, sans causer le moindre soupçon, et de rendre service sans conséquence.

« Il a été envoyé secrètement, en 1743, auprès de *Luc*. Il eut le bonheur de déterrer que *Luc* alors se joindrait à la France; il le promit; le traité fut conclu depuis, et signé par M. le cardinal de Tencin. Il pourrait rendre aujourd'hui quelque service non moins nécessaire.

« Mon cher ange, il faut la paix à présent, ou des victoires complètes sur mer et sur terre. Ces victoires complètes ne sont pas certaines, et la paix vaut mieux qu'une guerre si ruineuse. On ne se dissimule pas sans doute l'état funeste où est la France, état pire pour les finances et pour le commerce qu'il ne l'était à la paix d'Utrecht. Quelquefois, quand on veut, sans compromettre la dignité de la couronne, parvenir à un but désiré, on se sert d'un capucin, d'un abbé Gautier, ou même d'un homme obscur comme moi, comme ou envoie un piqueur détourner un cerf, avant qu'on aille au rendez vous de chasse. Je ne dis pas que j'ose me proposer, que je me fasse de fête, que je prévienne les vues du ministère, que je me croie même digne de les éxécuter; je dis seulement que vous pourriez hasarder ces idées, et les échauffer dans le cœur de M. le duc de Choiseul. Je lui répondrais sur ma tête qu'il ne serait jamais compromis; que je ne ferais jamais un pas, ni en deçà, ni en delà de ce qu'il me prescrirait. Je pense qu'il ne lui convient pas absolument

de demander la paix, mais qu'il lui convient fort d'en
faire naître le désir à plus d'une puissance, ou plutôt
de faire mettre ces puissances à portée de marquer des
intentions sur lesquelles on puisse ensuite se conduire
avec honneur.

« Il part sans doute d'un principe aussi vrai que
triste : c'est qu'il n'y a rien à gagner pour nous, d'aucune façon, dans ce gouffre où tout l'argent de la France
a été englouti. J'ai pris la liberté de lui prédire la prise
de Québec et celle de Pondichéry ; l'une est arrivée,
et je tremble pour l'autre. Il y a des citoyens de
Genève qui ont des correspondances par tout l'univers
habitable. Il y a autour de moi des gens de toute
nation, des ministres anglais, des Allemands, des Autrichiens, des Prussiens, et jusqu'à d'anciens ministres
russes. On voit les choses d'un œil plus éclairé qu'on
ne les voit à Paris ; on croit que, si la descente projetée
dans une des provinces anglaises s'effectue, il ne
reviendra pas un seul Français. Le passé, le présent,
et l'avenir, font frémir. Je sais que le ministère a du
courage, et qu'il a, cette année, des ressources ; mais
ces ressources sont peut-être les dernières, et on touche
au temps de vérifier ce qui a été dit, qu'il y avait une
puissance qui donnerait la paix, et que cette puissance
était la misère.

« J'ai peur qu'on ne soit résolu encore à faire des
tentatives ruineuses, après lesquelles il faudra demander humblement une paix désavantageuse, qu'on
pourrait faire aujourd'hui utile, sans être déshono-
rante.

« Enfin, mon cher ange, vous êtes accoutumé à corriger mes plans; si celui-ci ne vous plaît pas, jetez le au feu, et je vous enverrai simplement *la Chevalerie*.

« Vous pouvez au moins savoir si M. le duc de Choiseul est content de moi. Ce n'est pas que je doive craindre qu'il en soit mécontent, mais il est doux d'apprendre de votre bouche a quel point il agrée ma reconnaissance. Comptez d'ailleurs que je ne suis pas empressé, et que je me trouve très bien comme je suis, à votre absence près. Adieu; je baise le bout de vos ailes. »

N° 5. — *Lettre de Frédéric II au marquis d'Argens* (1).

« Hermannsdorff, près de Breslau, 27 août 1760.

« Autrefois, mon cher marquis, l'affaire du 15 aurait décidé de la campagne; à présent, cette affaire n'est qu'une égratignure; il faut une bataille pour fixer mon sort. Nous la donnerons, selon toutes les apparences, bientôt, et alors on pourra se réjouir, si l'événement est avantageux. Je vous remercie cependant de la part sincère que vous prenez à cet avantage. Il a fallu bien des ruses et bien de l'adresse pour amener les choses à ce point. Ne me parlez point de dangers; la dernière action ne me coûte qu'un habit et un cheval; c'est acheter à bon marché la victoire. Je n'ai point reçu l'autre lettre dont vous me parlez. Nous

(1) *Correspondance littéraire de Grimm.* 1878. Volume IV, page 291.

sommes comme bloqués, pour la correspondance, par
les Russes du côté de l'Oder, et par les Autrichiens
de l'autre. Il a fallu un petit combat pour faire passer
Cocceji; j'espère qu'il vous rendra ma lettre.

« Je n'ai jamais été de ma vie dans une situation
plus fâcheuse que cette campagne-ci. Croyez qu'il
faut encore du miraculeux pour nous faire supporter
toutes les difficultés que je prévois. Je ferai sûrement
mon devoir dans l'occasion; mais souvenez vous toujours, mon cher marquis, que je ne dispose pas de la fortune, et que je suis obligé d'admettre trop de casuel
dans mes projets, faute d'avoir le moyen d'en former
de plus solides. Ce sont là les travaux d'Hercule, que
je dois finir dans un âge où la force m'abandonne, et
où mes infirmités augmentent, et, à vrai dire, quand
l'espérance, seule consolation des malheureux, commence à me manquer. Vous n'êtes pas assez au fait
des choses pour vous faire idée nette de tous les dangers qui menacent l'État. Je les sais, je les cache, je
garde toutes les appréhensions pour moi, et je ne
communique au public que les espérances et le peu de
bonnes nouvelles que je peux lui apprendre. Si le
coup que je médite, réussit, alors, mon cher marquis,
il sera temps d'épancher sa joie; mais jusque-là ne
nous flattons pas, de crainte qu'une mauvaise fortune
inattendue ne nous abatte trop.

« Je mène ici la vie d'un chartreux militaire. J'ai
beaucoup à penser à mes affaires; le reste du temps je
le donne aux lettres, qui font ma consolation, comme
elles le faisaient à ce consul orateur, père de la patrie
et de l'éloquence. Je ne sais si je survivrai à cette

guerre; mais je suis bien résolu, si cela arrive, de passer le reste de mes jours au sein de la philosophie et de l'amitié. Dès que la correspondance deviendra plus libre, vous me ferez plaisir de m'écrire plus souvent. Je ne sais où nous aurons nos quartiers d'hiver. Ma maison à Breslau a péri durant le bombardement. Nos ennemis nous envient jusqu'à la lumière du jour, ainsi que l'air que nous respirons; il faudra pourtant bien qu'ils nous laissent une place, et, si elle est sûre, je me fais une idée de vous y recevoir.

« Eh bien, mon cher marquis, que devient la paix de la France? Vous voyez que votre nation est plus aveuglée que vous ne l'avez cru. Ces fous perdront le Canada et Pondichéry pour faire plaisir à la reine de Hongrie et à la Czarine.

« Veuille le ciel que le prince Ferdinand paye bien cher leur zèle! ce seront des officiers innocents de ces maux et de pauvres soldats qui en seront les victimes, et les illustres coupables n'en souffriront pas. Je sais un trait du Duc de... que je vous conterai lorsque je vous verrai; jamais procédé plus fou et plus inconséquent n'a flétri un ministre de France depuis que cette monarchie en a. Voici des affaires qui me surviennent. J'étais en train d'écrire; mais je vois qu'il faut finir, et pour ne point vous ennuyer, et pour ne point manquer à mon devoir, Adieu, cher marquis; je vous embrasse.

« FRÉDÉRIC. »

N° 6. — *Lettre de Voltaire au duc de Choiseul* (1).

« Novembre [1760].

> Écoutez, rien n'a réussi
> Que votre sacré reliquaire
> Envoyé dans Ferney de la part du Saint-Père,
> Tout le peuple hérétique en est fort en souci.

> Chacun voit, chacun dit ici
> Qu'en ma maison la grâce abonde,
> Et qu'ayant du crédit sur vous en l'autre monde,
> J'en dois avoir en celui-ci.

« Monseigneur, je suis vain comme un poëte ; un poëte fait l'entendu, et je laisse croire que vous m'honorez de vos bontés jusqu'à me permettre de vous importuner au milieu de vos occupations importantes. M. Crommelin, qui a beaucoup d'esprit, vous dira que M. le général de Constant s'est battu comme un diable pendant quarante ans contre nous et qu'il faut que ses enfants se battent pour nous ; que cette famille noble appartient de droit à la France, puisqu'elle est originaire de la ville d'Aix, et qu'il est clair qu'ils sont Français, attendu qu'ils sont très aimables et que leurs femmes sont charmantes. — Et puis que demandent-ils ? d'être reconnus pour ce qu'ils sont ; il y a tant de gens qui veulent être ce qu'ils ne sont pas ! Je con-

(1) Cette lettre, qui est tirée de la *Vie intime de Voltaire aux Délices et à Ferney,* par Lucien Perey et Gaston Maugras (Paris, 1885), est datée par les éditeurs 1760. Elle nous a semblé postérieure à cette date, les vers du commencement se rapportant à l'envoi de reliques fait par Choiseul en septembre 1761.

nais vingt faiseurs de vers à qui je refuserais tout net
des lettres patentes de poëte ; mais comment refuser
à MM. de Constant la qualité de gentilshommes qu'ils
ont chez eux et qu'ils ont si dignement soutenue ?
Pardonnez, Monseigneur, la liberté grande de moi
Suisse, le plus franc de tous les Suisses, le plus reconnaissant de vos bontés, attaché pour jamais à votre
personne avec le plus profond respect. »

N° 7. — *Lettre de Voltaire au duc de Choiseul.*

« A Monsieur le duc de Choiseul (1).

« 13 juillet [1761].

« Monseigneur, vous savez qu'au sortir du grand
conseil tenu pour le testament du roi d'Espagne,
Louis XIV rencontra quatre de ses filles qui jouaient
et leur dit : « Eh bien ! quel parti prendriez-vous à ma
place ? » Ces jeunes princesses dirent leur avis au hasard. Le roi leur répliqua : « De quelque avis que je
sois, j'aurai des censeurs. »

« Vous daignez en user avec moi, vieux radoteur,
comme Louis XIV avec ses enfants. Vous voulez que je
bavarde, bavarde, et que je compile, compile. Vos
bontés, et ma façon d'être, qui est sans conséquence,
me donnent toujours le droit que Gros-Jean prenait
avec son curé.

« D'abord je crois fermement que tous les hommes ont
été, sont, et seront menés par les événements. Je res-

(1) Édition Moland, n° 4607.

pecte fort le cardinal de Richelieu ; mais il ne s'engagea avec Gustave-Adolphe que quand Gustave eut débarqué en Poméranie sans le consulter ; il profita de la circonstance. Le cardinal Mazarin profita de la mort du duc de Veymar ; il obtint l'Alsace pour la France, et le duché de Rethel pour lui.

« Louis XIV ne s'attendait point, en faisant la paix de Ryswick, que son petit-fils aurait, trois ans après, la succession de Charles-Quint. Il s'attendait encore moins que l'arrière-petit-fils abandonnerait les Français pendant quatre ans aux dépradations de l'Angleterre, maîtresse de Gibraltar. Vous savez quel hasard fit la paix avec l'Angleterre, signée par ce beau lord Bolingbroke sur les belles fesses de M== Pulteney. Vous ferez comme tous les grands hommes de cette espèce, qui ont mis à profit les circonstances où ils se sont trouvés.

« Vous avez eu la Prusse pour alliée, vous l'avez pour ennemie ; l'Autriche a changé de système, et vous aussi. La Russie ne mettait, il y a vingt ans, aucun poids dans la balance de l'Europe, et elle en met un considérable. La Suède a joué un grand rôle, et en joue un très petit. Tout a changé et changera ; mais, comme vous l'avez dit, la France restera toujours un beau royaume, et redoutable à ses voisins, à moins que les classes des Parlements n'y mettent la main.

« Vous savez que les alliés sont comme les amis qu'on appelait de mon temps au quadrille : on changeait d'amis à chaque coup.

« Il me semble d'ailleurs que l'amité de messieurs

de Brandebourg a toujours été fatale à la France. Ils nous abandonnèrent au siège de Metz fait par Charles-Quint. Ils prirent beaucoup d'argent de Louis XIV, et lui firent la guerre. Vous savez que Luc vous trahit deux fois dans la guerre de 1741, et sûrement vous ne le mettrez pas en état de vous trahir une troisième. Sa puissance n'était alors qu'une puissance d'accident, fondée sur l'avarice de son père et sur l'exercice à la prussienne. L'argent amassé a disparu ; il est battu avec son exercice. Je ne crois pas qu'il reste quarante familles à présent dans son beau royaume de Prusse. La Poméranie est dévastée ; le Brandebourg, misérable, personne n'y mange de pain blanc ; on n'y voit que de la fausse monnaie, et encore très peu. Ses États de Clèves sont séquestrés ; les Autrichiens sont vainqueurs en Silésie. Il serait plus difficile à présent de le soutenir que de l'écraser. Les Anglais se ruinent à lui donner des secours indiscrets vers la Hesse, et, grâces au ciel, vous rendez ces secours inutiles. Voilà l'état des choses.

« Maintenant, si on voulait parier, il faudrait, dans la règle des probabilités, parier trois contre un que Luc sera perdu avec ses vers, et ses plaisanteries, et ses injures, et sa politique, tout cela étant également mauvais.

« Cette affaire finie, supposé qu'un coup de désespoir ne rétablisse pas ses affaires, et ne ruine pas les vôtres, tout finit en Allemagne. Vous avez un beau congrès, dans lequel vous êtes toujours garant du traité de Vestphalie, et j'en reviens toujours à dire que tous les princes d'Allemagne diront : Luc est tombé, parce qu'il s'est brouillé avec la France ; c'est à nous d'avoir toujours la France pour protec\ ice. Certainement, après la chute de Luc, la reine de Hongrie ne viendra pas vous redemander ni Strasbourg, ni Lille, ni votre Lorraine. Elle attendra au moins dix ans, et alors vous lui lâcherez le Turc et le Suédois pour de l'argent, si vous en avez.

« Le grand point est d'avoir beaucoup d'argent. Henri IV se prépara à se rendre l'arbitre de l'Europe, en faisant faire des balances d'or par le duc de Sully. Les Anglais ne réussissent qu'avec des guinées et un crédit qui les décuple. Luc n'a fait trembler quelque temps l'Allemagne que parce que son père avait plus de sacs que de bouteilles dans ses caves de Berlin. Nous ne sommes plus au temps de Fabricius. C'est le plus riche qui l'emporte, comme, parmi nous, c'est le plus riche qui achète une charge de maitre des requêtes, et qui ensuite gouverne l'État. Cela n'est pas noble, mais cela est vrai.

« Les Russes m'embarrassent ; mais jamais l'Autriche n'aura de quoi les soudoyer deux ans contre vous.

« L'Espagne m'embarrasse, car elle n'a pas grand chose à gagner à vous débarrasser des Anglais ; mais au moins est-il sûr qu'elle aura plus de haine pour l'Angleterre que pour vous.

« L'Angleterre m'embarrasse, car elle voudra toujours vous chasser de l'Amérique septentrionale ; et vous aurez beau avoir des armateurs, vos armateurs seront tous pris au bout de quatre ou cinq ans, comme on l'a vu dans toutes les guerres.

« Ah ! Monseigneur, Monseigneur, il faut vivre au jour la journée quand on a affaire à des voisins. On peut suivre un plan chez soi, encore n'en suit-on guère. Mais quand on joue contre les autres, on écarte suivant le jeu qu'on a. Un système, grand Dieu ! celui de Descartes est tombé ; l'empire romain n'est plus ; Pompignan même perd son crédit : tout se détruit, tout passe. J'ai bien peur que dans les grandes affaires il n'en soit comme dans la physique : on fait des expériences, et on n'a point de système.

« J'admire les gens qui disent : La maison d'Autriche va être bien puissante. La France ne pourra résister. Eh ! messieurs, un archiduc vous a pris Amiens, Charles-Quint a été à Compiègne, Henri V d'Angleterre a été couronné à Paris. Allez, allez, on revient de loin ; et vous n'avez pas à craindre la subversion de la France, quelque sottise qu'elle fasse.

« Quoi ! point de système ? Je n'en connais qu'un, c'est d'être bien chez soi ; alors tout le monde vous respecte.

« Le ministre des Affaires étrangères dépend de la guerre et de la finance ; ayez de l'argent et des victoires, alors le ministre fait tout ce qu'il veut. »

N° 8. — *Lettre de Voltaire au duc de Choiseul.*

« Mars [1763] (1).

« Mon protecteur, si on me demande comment il faut défricher un désert et donner du pain à des familles qui n'en avaient pas, je le dirai bien ; mais

(1) Édition Moland, n° 5258.

j'ignore comment il faut présenter au Roi le détail de
Fontenoy, l'érection de l'École militaire, et les autres
événements qui ne peuvent choquer que sa modestie.
J'ignore surtout si on peut lui présenter cette édition
qui est pourtant la neuvième (1). Tout ce que je sais,
c'est que je prends la liberté de l'adresser à mon protecteur, qui en fera tout ce qu'il voudra. Il sait mieux
que moi

Quid deceat, quid non...

(Hor. lib. I, ep. vi, v. 62.)

« Je ne demanderai jamais rien qui puisse être le
moins du monde hasardé. Sa bonté pour moi me
tient lieu de tout. Je suis comme le *Bourgeois gentilhomme* : j'aime mieux être incivil qu'importun.

« Je lui souhaite du fond de mon âme, succès dans
toutes ses entreprises, gaieté inaltérable, et point de
gravelle.

« La vieille Marmotte des Alpes est à ses pieds avec
le plus tendre respect. »

N° 9. — *Lettre de Voltaire au duc de Choiseul* (2).

« J'ignore ce que mes oreilles ont pu faire aux
Pompignan. L'un me les fatigue par ses mandements,

---

(1) Dans l'édition du *Siècle de Louis XIV* de 1763, Voltaire
avait ajouté dix-huit chapitres consacrés aux événements pos-
térieurs à la mort de Louis XIV. Cette suite à partir de 1768
s'appela : *Précis du règne de Louis XV*.

(2) Ce fragment de billet est classé dans l'édition Moland
entre le mois de mars et le mois d'avril 1763, n° 5259. Il est désigné comme ayant été souvent réimprimé et avec des variantes.

l'autre me les écorche par ses vers, et le troisième me menace de les couper. Je vous prie de me garantir du spadassin : je me charge des deux écrivains. Si quelque chose, Monseigneur, me faisait regretter la perte de mes oreilles, ce serait de ne pas entendre tout le bien que l'on dit de vous à Paris. »

N° 10. — *Lettre de Voltaire au duc de Choiseul.*

« *A Monsieur le duc de Choiseul.*

« [Février] 1766 (1).

« Mon colonel, mon protecteur Messala, c'est pour le coup que je me jette très sérieusement à vos pieds ; ayez la bonté de lire jusqu'au bout.

« Je vous doit tout, car c'est vous qui avez rendu ma petite terre libre ; c'est vous qui avez marié Mlle Corneille, et qui avez tiré son père de la misère par les générosités du roi et les vôtres, et celles de Mme la duchesse de Grammont.

« C'est par vous que mon désert horrible a été changé en un séjour riant ; que le nombre des habitants est triplé, ainsi que celui des charrues, et que la nature est changée dans ce coin, qui était le rebut de

(1) Cette lettre doit être postérieure au 12 mai 1766. Elle répond à la lettre de Choiseul écrite à Voltaire à cette date, et nous la croirions mieux placée au mois de juin qu'au mois de février, date mise par les éditeurs de Kehl et conservée par Beuchot et Moland. D'autres éditeurs l'avaient même placée au mois de novembre ; en la circonstance le juste milieu nous semble devoir donner à cette lettre une classification satisfaisante. Édition Moland, n° 6277.

la terre. Après ces bienfaits répandus sur moi, vous savez que je ne vous ai rien demandé que pour des Génevois ; car que puis-je demander pour moi-même ? Je n'ai que des grâces à vous rendre.

« Jean-Jacques Rousseau seul a troublé la paix de Genève et la mienne ; Jean-Jacques, le précepteur des rois et des ministres, qui a imprimé dans son *Contrat insocial* : « qu'il n'y a, à la cour de France, que de petits fripons qui obtiennent de petites places par de petites intrigues » ; Jean-Jacques, qui veut que l'héritier du royaume épouse la fille du bourreau, si elle est jolie ; Jean-Jacques, qui s'imagine follement que j'avais engagé le conseil de Genève à le proscrire ; Jean-Jacques, qui s'appuya d'un colonel réformé au service de Savoie, et pensionnaire d'Angleterre, nommé M. Pictet, pour commencer, sur cet unique fondement, la guerre ridicule que Genève fait à coups de plume depuis deux années.

« Peut-être les Génevois, honteux d'un si impertinent sujet de discorde, n'ont osé avouer cette turpitude à M. le chevalier de Beauteville ; et moi, qui ne peut sortir et qui passe la moitié de ma vie dans mon lit et l'autre en robe de chambre, je n'ai pu instruire monsieur l'ambassadeur de ces fadaises dans le peu de temps qu'il a bien voulu me donner quand il a daigné venir voir ma retraite.

« A la mort de M. de Montpéroux, toutes les têtes de Genève étaient dans une fermentation d'autant plus grande qu'il n'y avait en vérité aucun sujet de querelle. Des animosités, des aigreurs réciproques, de l'orgueil, de la vanité, de petits droits contestés, ont brouillé tous les corps de l'État pour jamais. Quelques personnes du conseil, plusieurs principaux citoyens, vinrent me trouver; je leur proposai de venir tous dîner chez moi souvent, et de vider leurs querelles gaiement, le verre à la main. Comme ils disputaient alors sur des questions de loi qui sont survenues, ou plutôt qu'on a fait survenir, j'envoyai un mémoire à des avocats de Paris, et je reçus une consultation fort sage.

« M. Hennin arriva; je lui remis la consultation, et je ne me mêlai plus de rien.

« Les natifs de Genève vinrent me trouver, il y a quelques jours, et me prièrent de leur faire un compliment qu'ils devaient présenter à messieurs les médiateurs; je ne pus ni ne dus refuser cette légère complaisance à trente personnes qui me la demandaient en corps : un compliment n'est pas une affaire d'État. Ils revinrent après me communiquer une requête qu'ils voulaient donner à messieurs les Plénipotentiaires; je leur recommandai de ne choquer ni leurs supérieurs ni leurs égaux. Je n'ai eu aucune autre part aux divisions qui agitent la petite fourmilière. Je demeure à deux lieues de Genève; j'achève mes jours dans la plus profonde retraite. Il ne m'appartient pas de dire mon avis, quand des plénipotentiaires doivent décider.

« Soyez donc très persuadé, mon protecteur, qu'à mon âge, je ne cherche à entrer dans aucune affaire, et surtout dans les tracasseries génevoises.

« Mais je dois vous dire que mes petites terres étant enclavées en partie dans leur petit terrritoire, ayant continuellement des droits de censive, et de chasse, et de dixième à discuter avec eux, ayant du bien dans la ville, et même un bien inaliénable, j'ai plus d'intérêt que personne à voir la fourmilière tranquille et heureuse. Je suis sûr qu'elle ne le sera jamais que quand vous daignerez être son protecteur principal, et qu'elle recevra des lois de votre médiation permanente. Je vous conjure seulement de vouloir bien avoir la bonté de recommander à M. de Beauteville votre décrépite marmotte, qui vous adorera du culte d'hyperdulie tant que le peu qu'il a de corps sera conduit par le peu qu'il a d'âme.

« Monseigneur sait-il ce que c'est que le culte d'hyperdulie? Pour moi, il y a soixante ans que je cherche ce que c'est qu'une âme, et je n'en sais encore rien.

« Ah! si j'osais, je vous supplierais d'engager M. de Beauteville à demeurer, en vertu de la garantie, le maître de juger toutes les contestations qui s'élèveront toujours à Genève. Vous seriez en droit d'envoyer un jour à l'amiable une bonne garnison pour maintenir la paix, et de faire de Genève, à l'amiable, une bonne place d'armes quand vous aurez la guerre en Italie. Genève dépendrait de vous à l'amiable; mais... »

N° 11. — *Lettre de Voltaire au duc de Choiseul.*

« *A Monsieur le duc de Choiseul* (1).

« 9 janvier [1767].

« Mon héros, mon protecteur, c'est pour le coup que vous êtes mon colonel. Le satrape Élochivis envi-

(1) Édition Moland, n° 6662.

ronne mes poulaillers de ses inombrables armées, et
le bonhomme qui cultive son jardin au pied du mont
Caucase est terriblement embarrassé par votre funeste
ambition.

« Permettez-moi la liberté grande de vous dire que
vous avez le diable au corps. Maman Denis et moi,
nous nous jetons à vos pieds. Ce n'est pas les Génevois que vous punissez, c'est nous, grâce à Dieu. Nous
sommes cent personnes à Ferney qui manquons de
tout, et les Génevois ne manquent de rien. Nous
n'avons pas aujourd'hui de quoi donner à diner aux
généraux de votre armée.

« A peine l'ambassadeur de votre Sublime Porte
eut-il assuré que le roi de Perse prenait les honnêtes
Scythes sous sa protection et sauvegarde spéciale, que
tous les bons Scythes s'enfuirent. Les habitants de
Scythópolis peuvent aller où ils veulent, et revenir,
et passer, et repasser, avec un passe-port du chiaoux
Hennin; et nous, pauvres Persans, parce que nous
sommes votre peuple, nous ne pouvons ni avoir à
manger, ni recevoir nos lettres de Babylone, ni envoyer nos esclaves chercher une médecine chez les
apothicaires de Scythopolis.

« Si votre tête repose sur les deux oreillers de la
justice et de la compassion, daignez répandre la rosée
de vos faveurs sur notre disette.

« Dès qu'on eut publié votre rescrit impérial dans
la superbe ville de Gex, où il n'y a ni pain ni pâte,
et qu'on eut reçu la défense d'envoyer du foin chez
les ennemis, on leur en fit passer cent fois plus qu'ils
n'en mangeront en une année. Je souhaite qu'il en

reste assez pour nourrir les troupes invincibles qui bordent actuellement les frontières de la Perse.

« Que Votre Sublimité permette donc que nous lui adressions une requête qui ne sera point écrite en lettres d'or, sur un parchemin couleur de pourpre, selon l'usage, attendu qu'il nous reste à peine une feuille de papier, que nous réservons pour votre éloge.

« Nous demandons un passe-port signé de votre main prodigue en bienfaits, pour aller, nous et nos gens, à Genève ou en Suisse, selon nos besoins ; et nous prierons Zoroastre qu'il intercède auprès du grand Orosmade, pour que tous les péchés de la chair que vous avez pu commettre vous soient remis. »

N° 12. — *Lettre de Voltaire au duc de Choiseul* (1).

« A Ferney, 20 février [1767].

« Monseigneur, j'ai reçu les deux lettres (2) dont vous m'avez honoré, avec un passe-port général, mais non pas dans leur temps, parce que vos bontés ne me sont parvenues que par les cascades de la dragonnade.

« Je vous ai envoyé le *Discours* de M. de la Harpe, qui a remporté le prix à l'Académie. La justice qu'il vous a rendu à beaucoup contribué à lui faire remporter ce prix. Son ouvrage a été applaudi de tout le public.

(1) Édition Moland, n° 6759.
(2) Nous n'en connaissons qu'une, celle du 19 janvier. Voir page 214.

« Je ne sais si on vous a envoyé le mémoire ci-joint ; permettez-moi la liberté de vous le présenter ; comptez qu'il est exact et fidèle. Il sera bien difficile de vivre dorénavant dans le pays de Gex sans votre protection. Je vous la demande aussi pour les *Scythes* ; je les ai retravaillés suivant les judicieuses remarques que vous avez daigné faire. Je n'en ai fait imprimer que quelques exemplaires pour épargner la peine des copistes ; l'édition ne paraîtra à Paris que quand vous en serez content.

« Je serais bien flatté si vous pouviez honorer la première représentation de votre présence.

« J'ai bien des querelles avec M. d'Argental pour les *Scythes,* sur le cinquième acte ; mais je m'en rapporte à vous.

« Je suis pénétré de vos bontés, elles font ma consolation dans mes misères, M. le chevalier de Jaucourt ne m'a vu qu'aveugle et malade. J'étais mort, si je ne m'étais pas égayé aux dépens de Jean-Jacques, de la demoiselle Levasseur, et de Catherine (1).

« Je me mets à vos pieds avec la plus tendre reconnaissance et le plus profond respect. »

N° 13. — *Lettre de Voltaire au duc de Choiseul.*

« 1ᵉʳ avril 1768.

« Mon protecteur, ceci s'adresse au ministre de Paix. Vous avez eu la bonté de m'accorder quelques éclair-

(1) Voir son poème de la *Guerre civile de Genève.*

cissements sur le *Siècle de Louis XIV*. Tout ce qui regarde la cruelle guerre est imprimé. Je n'ai plus qu'un seul petit objet de curiosité sur une tracasserie ecclésiastique en cour de Rome. Mon protecteur connaît ce pays-là.

« Il y avait, en 1699, un *birbone,* un *furfante,* un *malandrino* nommé Giori, espion de son métier, prenant de l'argent à toute main, et en donnant partie *ad alcuni ragazzi; quello buggerone* trahissait le cardinal de Bouillon en recevant ses présents : il fut la cause de tous les malheurs de ce cardinal. Il doit y avoir deux ou trois lettres de ce maraud, écrites en février et mars 1699, à M. de Torcy. Si vous vouliez, Monseigneur, en gratifier ma curiosité, je vous serais fort obligé.

« Y aurait-il encore de l'indiscrétion à vous demander la *Relation de la colique néphrétique* de cet ivrogne de Pierre III, adorateur du roi de Prusse, écrite par M. de Rulhière, secrétaire du baron de Breteuil? cette relation est entre les mains de plusieurs personnes et n'est plus un secret. Tout ce que je sais, aussi certainement qu'on peut savoir quelque chose, c'est-à-dire en doutant, c'est que Pierre III n'aurait point eu la colique s'il n'avait dit un jour à un *Orlof,* en voyant faire l'exercice aux gardes Préobazinski : « Voilà une belle troupe ; mais je ferais fuir tous ces gens-là comme des gredins, si j'étais à la tête de cinquante Prussiens. »

« Je vous jure, mon protecteur, que ma Catherine ne m'a pas dit un mot de cette colique, quoiqu'elle ait eu la bonté de me mander tout le bien qu'elle fait dans ses vastes États. Je ne lui ai point écrit :

Ninus, en vous chassant de son lit et du trône,
En vous perdant, madame, eût perdu Babylone.
Pour le bien des mortels vous prévîntes ses coups ;
Babylone et la terre avaient besoin de vous :
  t quinze ans de vertus et de travaux utiles,
Les arides déserts par vous rendus fertiles,
Les sauvages humains soumis au frein des lois,
Les arts dans nos cités naissant à votre voix,
Ces hardis monuments, que l'univers admire,
Les acclamations de ce puissant empire,
Sont autant de témoins dont le cri glorieux
A déposé pour vous au tribunal des Dieux (1).

« Elle n'a pas même fait jouer *Semiramis* une seule
fois à Moscou. Cependant je ne la crois pas si coupable
qu'on le dit ; mais si vous daignez m'envoyer la petite
relation, je vous jure, foi de votre créature, de n'en
jamais faire le moindre usage.

« Je ne me suis pas encore fait chartreux, attendu
que je suis trop bavard ; mais je fais régulièrement
mes Pâques, et je mets aux pieds du crucifix toutes les
calomnies fréroniques et pompignantes qui m'imputent
toutes les gentillesses antidévotes que Marc-Michel
imprime depuis trois ou quatre ans, dans Amsterdam,
contre les plus pures lumières de la théologie. Il y a
deux ou trois coquins défroqués qui travaillent, sans
relâche, à l'œuvre du démon.

« Mais sérieusement vous m'avouerez qu'il serait
bien injuste d'imaginer qu'un radoteur de soixante-
quatorze ans, occupé du *Siècle de Louis XIV*, de mauvaises tragédies, de mauvaises comédies ; d'établir une

(1) Ces vers sont tirés de *Sémiramis*, acte I⁰ʳ, scène vᵉ.

fortune de *quarante écus*, de suivre dans ses voyages une *Princesse de Babylone*, et de faire continuellement des expériences d'agriculture, eût le temps et la volonté de barboter dans la théologie.

> Les envieux mourront, mais non jamais l'envie.
>
> (MOLIÈRE, *Tartuffe*, acte V, scène III.)

« Les envieux ont eu beau jeu. Une nièce qui va à Paris quand un oncle est à la campagne est une merveilleuse nouvelle ; mais le fait est que nos affaires étaient fort délabrées par le manque de mémoire de plusieurs illustres débiteurs grands seigneurs, tant français qu'allemands, je me suis mis dans la réforme, je me suis lassé d'être l'aubergiste de l'Europe. Je donne vingt mille francs de pension à ma nièce, votre très humble servante. Cornélie-Chiffon, nièce du grand Corneille, a eu en mariage environ quarante mille écus, grâce à vos bienfaits et à ceux de Mme la duchesse de Grammont. J'ai partagé une partie de mon bien entre mes parents, et je n'ai plus qu'à mourir doucement, gaiement, et agréablement entre mes montagnes de neige, où je suis à peu près sourd et aveugle.

« Voilà un compte très exact de ma conduite : ma reconnaissance le devait à mon bienfaiteur. Le bavard lui demande pardon de l'avoir tant ennuyé, il bavardera vos bontés jusqu'au dernier moment de sa vie.

« Il voudrait bien bâtir une jolie maison dans votre ville de Versoy, mais il sera mort avant que votre port soit fait.

« LA VIEILLE MARMOTTE DES ALPES. »

N° 14. — *Lettre de Voltaire au duc de Choiseul* (1).

« 12 novembre [1768].

« Mon protecteur, daignez lire ceci, car ceci en vaut la peine. Ce n'est pas parce que la marmotte des Alpes a bientôt soixante-quinze ans, ce n'est pas parce qu'elle radote, qu'il s'est glissé un galimatias absurde dans le *Siècle de Louis XIV* et *de Louis XV*, touchant la paix que nous vous devons : pendant que je passe la vie dans mon lit, l'éditeur a mis, à la page 202 du quatrième tome, une addition que je lui avais envoyée pour la page 142. Il a ajouté à votre paix ce qu'il devait ajouter à la paix d'Aix-la-Chapelle. Il vous sera aisé de faire placer adroitement ce carton ci-joint : vous êtes accoutumé à réparer quelquefois les fautes d'autrui. J'ai voulu finir par la gloire de la nation et par la vôtre.

« Quand l'édition est finie, quelques officiers m'apprennent des choses étonnantes, dignes de l'ancienne Rome.

« Le prince héréditaire de Brunswick veut surprendre M. de Castries, qui en veut faire autant. On envoie à l'entrée de la nuit M. d'Assas, capitaine d'Auvergne, à la découverte; le régiment le suit en silence : il trouve, à vingt pas, des grenadiers ennemis couchés sur le ventre; ils se lèvent, ils l'entourent, lui mettent vingt baïonnettes sur la poitrine : *Si vous criez, vous êtes mort;* il retient son souffle un moment pour

(1) Édition Moland, n° 7385.

crier plus fort : *A moi, Auvergne, les voilà!* et il tombe percé de coups : Décius en a-t-il plus fait?

« On me prend pour le greffier de la gloire; on me fournit de beaux traits, mais trop tard; c'est pour une belle édition in-4°.

« Je vous demande en grâce de lire la page 177, tome IV; vous y verrez une action très supérieure à celle des Thermopyles, et très vraie.

« N. B. J'ai envoyé un *Siècle* à M. de Saint Florentin. Il m'a mandé qu'il croyait que je pouvais le présenter au roi, et qu'il s'en chargerait. Je vais lui mander que je crois que vous lui avez donné le vôtre, et j'aurai l'honneur de vous en renvoyer un autre. M'approuvez-vous? Je prêche gloire et paix dans cet ouvrage.

« N. B. Il s'est fait une grande révolution dans les esprits. Voici ce qu'un homme très sage (1) me mande de Toulouse : « Les trois quarts du parlement ont ouvert les yeux, et gémissent du jugement des Calas. Il n'y a plus que les vieux endurcis qui ne soient pas pour la tolérance. »

« Il en sera bientôt de même dans le parlement de Paris, je vous en réponds. On ne sera plus homicide pour paraitre chrétien aux yeux du peuple. J'aurai contribué à cette bonne œuvre.

« N. B. Ce changement dans les mœurs ne sera pas inutile à votre colonie de Versoy.

« Permettez-moi de vous écrire un jour à fond sur votre colonie. Vous protégez votre vieille Marmotte;

---

(1) Voltaire désigne ainsi l'abbé Audra, avec lequel il était en correspondance au sujet des affaires Calas et Sirven.

cet établissement touche à mon pauvre trou ; je suis de la colonie.

« L'évêque d'Annecy est un fou, vous avez bien dû le voir. Le voilà disgracié à sa cour pour ses sottises. Le fanatisme n'a jamais fait que du mal.

« Mon protecteur, vous avez beau jeu. Le duc de Grafton (1) n'est pas une tête à résister à la vôtre.

« Me pardonnez-vous de vous écrire une si longue lettre ?

« La vieille Marmotte est à vos pieds ; elle vous adore ; elle vous souhaite prospérité et gloire ; elle vous présente d'ailleurs son profond respect. »

N° 15. — *A M. le duc de Choiseul.*

Requête de l'Ermite de Ferney, présentée par M. Coste, médecin.

« 16 juillet [1769].

« Rien n'est plus à sa place que la supplication d'un vieux malade pour un jeune médecin ; rien n'est plus juste qu'une augmentation de petits appointements quand le travail augmente. Monseigneur sait parfaitement que nous n'avions autrefois que des écrouelles dans les déserts de Gex, et que depuis qu'il y a des troupes nous avons quelque chose de plus fort. Le vieil ermite, qui, à la vérité, n'a reçu aucun de ces deux bienfaits de la Providence, mais qui s'intéresse sincèrement à tous ceux qui en sont honorés,

______

(1) Il était premier lord de la Trésorerie.

prend la liberté de représenter douloureusement et respectueusement que le sieur Coste, notre médecin très aimable, qui compte nous empêcher de mourir, n'a pas de quoi vivre, et qu'il est en ce point tout le contraire des grands médecins de Paris. Il supplie monseigneur de vouloir bien avoir pitié d'un petit pays dont il fait l'unique espérance. »

N° 16. — *Lettre de Voltaire au duc de Praslin* (1).

« A Ferney, 24 janvier [1770].

« Monseigneur, pardon ; je tremble de fatiguer vos bontés. Voici le seul papier justificatif concernant les diamants volés par messieurs de Tunis. Si jamais vous daignez prendre la peine de battre ces barbares, je vous supplierai alors de faire comprendre les diamants dans les articles de paix que vous daignerez leur accorder.

« J'ai toujours été émerveillé que les princes chrétiens, qui se font quelquefois la guerre de gaieté de cœur, ne s'accordassent pas à jeter Tunis et Alger dans leurs ports. Voilà de plaisants successeurs des Carthaginois que ces voleurs de Tunis.

« On dit que vous avez une très florissante marine. Permettez à un de vos vieux courtisans de s'intéresser passionnément à votre gloire.

« J'ai l'honneur, etc. »

(1) Édition Moland, n° 7760.

N° 17. — *Lettre de Voltaire au duc de Choiseul* (1).

« *A. Monsieur Mécénas-Atticus, duc de Choiseul, etc.*

« A Ferney, 18 février [1770].

« La voix de Jean criant dans le désert vous dit ces choses :

« Ce n'est pas assez que vous ayez fait des pactes de famille, donné un royaume (2) à l'ainé de la famille, fait un Pape madré ou non madré, et mis les soldats d'Israël sur un meilleur pied qu'ils n'ont jamais été : tout cela n'est rien sans la charité. Le Dieu d'Israël est irrité contre les enfants de Jacob, qui assassinent dans les rues des vieillards de quatre vingt ans, des innocents destitués d'armes, blessent des femmes grosses, et se préparent à pendre ceux qu'ils n'ont pu assassiner.

« C'est une des suites de l'insolence avec laquelle ils en ont usé envers l'ambassadeur de l'oint du Seigneur et envers Messala-Atticus, premier ministre de cet oint. Le sanhédrin n'est pas moins coupable d'avoir fomenté, préparé, autorisé les abominations des enfants de Bélial.

« Voici ce que dit le seigneur : Si vous aviez seulement fait bâtir à Versoy une cinquantaine de maisons de boue, vous auriez actuellement dans Versoy quatre cents habitants qui ne savent où coucher, qui vous seraient attachés pour jamais, et qui probablement

(1) Édition Moland, n° 7789.
(2) La Corse, cédée à la France par les Génois en mai 1768.

iront habiter l'Angleterre, que mon cœur réprouve, ou la Hollande que je vomis de ma bouche, parce qu'elle est tiède.

« J'ai ordonné à mon serviteur François V., capucin indigne, d'avoir soin de ces malheureux, en attendant que votre rosée puisse les consoler.

« Je sais que mon serviteur, chargé de la bourse commune, loge le diable dans sa bourse, c'est à dire rien, et qu'il ne pourra donner cent mille sicles pour bâtir des maisons.

« Mon serviteur François V. est encore plus pauvre pour le moment présent; mais vous pourriez trouver quelque bon ami, non pas de cour, mais de finance, qui préterait des sicles pour bâtir des maisons. Il n'est pas besoin d'édit pour donner à qui voudra de quoi reposer sa tête.

« Vous avez une galère dans un port qui n'est pas fait; mais des familles ne peuvent coucher dans une galère, à moins que ce ne soit la famille de Fréron.

« L'esprit de charité pourrait vous porter encore à empêcher qu'on ne pende plusieurs de vos serviteurs qui se sont engagés à vous, dont vous avez la signature, qui se sont soumis à coucher dans les maisons que vous n'avez pas bâties, qui se sont déclarés Français, et qui, pour cette raison, sont présumés avoir incessamment la hart au cou.

« Je vous dis donc de la part du Seigneur : Faites comme vous voudrez; car vous avez l'œil de l'aigle et la prudence du serpent.

« Signé : JEAN, prédicateur du désert.

« Et plus bas : François V., capucin indigne, admis à la dignité de capucin par frère Amatus d'Alamballa, général des capucins résident à Rome; et de plus, déclaré père temporel des capucins de Gex.

« Lequel François prie Dieu pour vous et pour votre digne épouse. »

Nᵒ 18. — *Lettre de Voltaire au duc de Choiseul.*

« À Ferney, 17 mars [1770].

« Mon protecteur, vous ne croyez donc pas aux femmes grosses assassinées? Tenez, voyez, lisez. Il y a huit jours que je n'ai vu votre résident; il se peut faire qu'on vous ait caché une partie des horreurs qui se sont passées à Genève. Très souvent on ne sait pas dans une rue ce qu'on a fait dans l'autre. Pour moi, qui suis bien malade, et qui paraitrai bientôt devant Dieu, je vous dis la vérité telle qu'on me l'a dite. Je n'en aime pas moins mon libraire Philibert Cramer, conseiller de Genève.

« Je pardonnerai, à article de la mort, et pas plus tôt, à M. l'abbé Terray; et je ne pardonnerai ni dans ce monde, ni dans l'autre à ceux qui voudraient vous contrecarrer : voilà ma dernière volonté. Mes petits neveux verront Versoy, mais moi je verrai Dieu face à face; je vous aurais donné volontiers la préférence. Agréez le profond respect du capucin, et moquez vous de lui si vous voulez. »

N° 19. — *Lettre de Voltaire à Madame la duchesse de Choiseul.*

« 17 mars [1770].

« Madame, il ne sagit point ici de capucins, il sagit de femmes grosses ; vous devez les protéger ; et plut à Dieu que vous le fussiez ! (car *la fussiez* n'est pas français, régulièrement parlant) je ferais une belle offrande à Saint-François mon patron. Oui, madame, on a assassiné des femmes grosses à Genève, et je vous demande justice de monseigneur votre époux. Je vous demande en grâce de lui faire lire cette lettre, quoiqu'il n'ait pas beaucoup de temps à perdre.

« Je ne veux pas abuser du votre et de vos bontés ; je suis très malade ; ma dernière volonté est pour votre salut ; et, si je réchappe, je compte avoir l'honneur de vous envoyer des œufs de Pâques. En attendant, daignez agréer le respect paternel, les prières et les bénédictions de

« Frère FRANÇOIS, *capucin indigne.* »

N° 20. *Lettre de Voltaire au duc de Choiseul* (1).

« A Ferney, 7 septembre [1770].

« Notre bienfaiteur, vous savez probablement que le roi de Prusse a été sur notre marché, et qu'il fait venir dix-huit familles d'horlogers de Genève. Il les

____

(1) Edition Moland, n° 8019.

19

loge *gratis* pendant douze ans, les exempte de tous impôts, et leur fournit des apprentis dont il paye l'apprentissage : c'est du moins une preuve que les natifs de Genève ne veulent pas rester dans cette ville ; mais ces dix-huit familles de plus nous auraient fait du bien ; elles sont presque toutes d'origine française. Je suis faché qu'elles se transportent si loin de leur ancienne patrie ; mais je me flatte que votre colonie l'emportera sur toutes les autres.

« Dieu me préserve des lettres de Venise, qui disent qu'après la bataille navale contre les Turcs, ces messieurs ont voulu assassiner l'ambassadeur de France parce qu'il portait un chapeau ; que l'ambassadeur d'Angleterre a été obligé de se sauver déguisé en matelot et que l'ambassadeur de Venise a échappé à la faveur d'une garde ! je ne crois point la canaille turque si barbare, quoiqu'elle le soit beaucoup.

« J'ai eu la visite d'un serf et d'une serve des chanoines de Saint-Claude. Ce serf est maître de la poste de Saint-Amour, et receveur de M. le Marquis de Choiseul votre parent, et, par conséquent, vous appartient à double titre ; mais les chapitres de Saint-Claude n'en ont aucun pour les faire serfs. Ils diront comme Sosie.

> Mon maître est homme de courage ;
> Il ne souffrira pas que l'on batte ses gens.

« On les bat trop ; les chanoines les accablent : et vous verrez que tout ce pays-là, qui doit nourrir Versoy, s'en ira en Suisse si vous ne le protégez. Le procureur général de Besançon est dans des principes tout à fait opposés aux vôtres, quand il s'agit de faire du bien.

« Le vieil ermite de Ferney, très malade, et n'en pouvant plus, se met à vos pieds avec la reconnaissance et le respect qu'il vous conservera jusqu'au dernier moment de sa chétive existence. »

N° 21. — *Lettre de Voltaire au duc de Choiseul* (1).

« Mai [1771].

« Un ermite qui veut l'être, qui connait parfaitement son néant et celui de ce monde, qui n'a jamais été gouverné que par son cœur, qui respecte, qui aime passionnément le grand, le généreux Barmécide, autant qu'il détestait les assassins de Calas et ceux du chevalier de La Barre, une marmotte qui préfère sa caverne à toutes les cours, trouve une occasion de se mettre aux pieds de son bienfaiteur et de celui de la France. Il saisit ce moment auquel il aspirait. Il vous dit, illustre Barmécide : « Je ne me soucie ni de Versoy ni de Versailles ; je songe à vous, soir et matin ; je m'entretiens de vos bienfaits ; j'admire votre belle âme ; je dis à la petite fille du grand Corneille : c'est le grand Barmécide et madame sa sœur qui vous ont mariée ; vous lui devez tout, et jusqu'à vos enfants. Il n'a fait que du bien, et mille personnes lui doivent autant de reconnaissance que vous et moi. Il doit

(1) Edition Moland, n° 8291. Cette lettre est classée entre le 22 et le 25 mai 1771. Elle est, ainsi que la suivante, écrite par Voltaire à Choiseul pendant son exil.

être heureux ; car les cœurs sont à lui. Ainsi il est toujours à la première place. »

« Je me mets aux pieds de Mme Barmécide. Que pourrai-je leur présenter pour les amuser ? On est philosophe à la campagne ; on n'a pas le temps de l'être ailleurs.

« Si dans ces lettres de *l'alphabet*, il y en a deux ou trois qui vous plaisent, tant mieux pour la philosophie. »

N° 22. — *Lettre de Voltaire au duc de Choiseul* (1).

« Juin [1773].

« S'il y a dans cet ouvrage un petit nombre de vers heureux qui vous plaisent, ce dont je doute beaucoup, je vous dirai comme Horace à Mécène :

Principibus placuisse viris non ultima laus est.
                    Liv. I, ép. XVII

« Ce n'est pas un petit avantage de plaire aux premiers hommes de sa nation.

« Cela est beaucoup plus vrai qu'on ne pense. La raison est que les hommes élevés au-dessus des autres sont distraits par tant d'affaires importantes, qu'ils n'ont ni le temps ni la volonté d'écouter des choses triviales. Ils sont si accoutumés, dans toutes les discussions qui se font en leur présence, à proscrire tous les lieux communs de rhétorique, toutes les pensées fausses

(1) Édition Moland, n° 8876,

mal exprimées, tout ce qui est inutile, qu'ils se font, sans même s'en apercevoir, des règles du bon goût au-dessus de celles qu'on trouve dans les livres. Il faut toujours du vrai et du naturel ; mais ce vrai doit être intéressant, et ce naturel doit être noble. Monseigneur le duc d'Orléans, régent du royaume, me faisant un jour réciter le second chant de *la Henriade*, me dit : « Il faut que les vers me subjuguent. »

« J'ignore s'il y aura dans *les Lois de Minos* quelque morceau qui puisse vous subjuguer. »

TABLE DES NOMS

TABLE DES MATIÈRES

PARIS

TYPOGRAPHIE PLON-NOURRIT ET Cie

Rue Garancière, 8.

www.ingramcontent.com/pod-product-compliance
Lightning Source LLC
LaVergne TN
LVHW021527170726
843501LV00004B/991